Exotische Küc

Mauritische Küche

Original Kochrezepte von Mauritius und den benachbarten Inseln Réunion, Island of Rodrigues, Seychellen, Agalega, Islands of St. Brandon und Chagos

M. Nader Asfahani

Der Autor und der Verlag bedanken sich bei allen, die sie mit Rezepten versorgt haben, damit dieses Buch auf dem deutschsprachigen Markt erscheinen konnte.

1. Auflage 1993, ...7. Auflage 2020

Titelbild: Gundula Wagner
Bearbeitung: Christina Khenkhar
Übersetzung, Gestaltung, Herstellung und Satz:

Asfahani Verlag

Hausbrucher Straße 54 / D-21147 Hamburg
Federal Republic of Germany
Telefon (AB) 040 7967951 Fax 040 7967955
e-Mail: info@asfahani.de
Internet: www.asfahani.de

ISBN 978-3-927459-97-7

Exotische Küche
Kochbücher aus dem Süden

☺ Alle Rezepte sind für 3 bis 4 Personen gedacht

Sachregister

Kurze Informationen

Vor– und Nachspeisen und Salate

Chutney Hausgemachte Gewürzmischung

Suppen

Gemüsegerichte

Fischgerichte

Fleischgerichte

Geflügel-, Nudel– und Resigerichte

Soßen

Nachspeisen

Getränke

Eiscreme und Fruchteis

Einlegen in Essig

Kurze Informationen

Chili

Wie man mit scharfen Chilis umgeht

☺ Bevor Sie die Chilis anfassen, ziehen Sie bitte Gummihandschuhe an. Dadurch wird verhindert, dass die ätherischen Öle Ihnen Hautjucken verursachen. Außerdem berühren Sie nicht Ihre Augen während des Arbeitens mit Chili.

Chili nur mit kaltem Wasser waschen. Heißes Wasser kann manchmal bei getrocknetem Chili dazu führen, dass sich Dämpfe entwickeln, die die Augen und Schleimhäute reizen.

❀❀❀❀❀❀❀❀❀❀

Kokosnussmilch

Um Kokosnussmilch herstellen zu können, muss man zuerst das weiße Fruchtfleisch raspeln oder reiben.

Kokosnusspaste herstellen

1. Methode

🖎 Fruchtfleisch einer Kokosnuss reiben ➡ in den Mixaufsatz einer Elektroküchenmaschine geben ➡ 1/4 Liter heißes Wasser darüber geben und mit hoher Geschwindigkeit mixen ➡ einen weiteren 1/4 Liter heißes Wasser dazugeben und weiter mixen, bis ein glatter Brei entstanden ist.

2. Methode

🖎 Kokosnussfruchtfleisch von Hand reiben (evtl. fertig geriebene Kokosnuss verwenden) ➡ 1/2 Liter heißes

Wasser darüber geben ➟ mit einem Schneebesen oder Elektromixer kräftig schlagen.

Kokosnussmilch herstellen

✎ Ein Sieb mit einem Küchentuch auslegen ➟ Kokosnussbrei hineingeben ➟ mit einem Löffel kräftig pressen ➟ die Enden des Tuches zusammenhalten und kräftig wringen, damit die restliche Flüssigkeit aus dem Brei heraustropfen kann.

❀❀❀❀❀❀❀❀❀❀❀

Dämpfen ohne Dampfkochtopf

Es gibt mehrere Methoden, Gerichte zu dämpfen, ohne extra einen Dampfkochtopf zu kaufen.

Abb. 1:

Etwas Wasser in einen Topf geben ➟ ein Metallsieb in den Topf stellen ➟ Zutaten in das Sieb geben ➟ Topf zudecken und das Wasser zum Kochen bringen, dann bei mittlerer oder schwacher Hitze dämpfen lassen, bis die Zutaten gar sind.

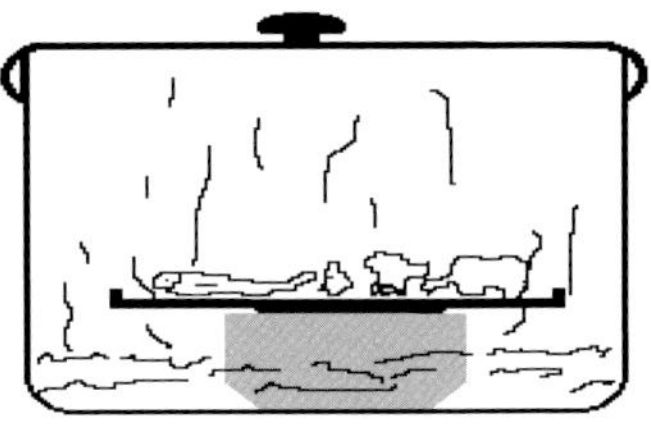

Abb. 1

Abb. 2:

Wasser in einen Topf geben ➟ eine schwere Tasse in die Mitte stellen und darauf eine Platte aus Metall oder Keramik legen ➟ die Zutaten darauf verteilen ➟ Topf zudecken und das Wasser zum Kochen bringen, dann bei mittlerer oder schwacher Hitze dämpfen, bis die Zutaten gar sind.

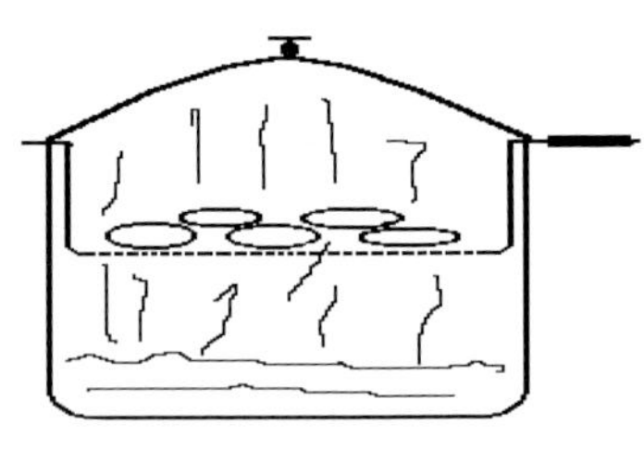

Abb. 2

!!! Vorsicht beim Entfernen des Deckels !!!

Gemüse

Amarant

Amarant wird wie Spinat vorbereitet. Leider sieht man diese Gemüsesorte selten auf den Märkten.

Auberginen

Außer den üblichen Angeboten an dunklen Sorten (ca. 20 Sorten) gibt es weiße, gelbe und grüne runde Auberginen, diese Sorten werden zu bestimmten Jahreszeiten importiert.

Grüne Auberginen werden afrikanische Auberginen genannt, sie werden auch unter dem Namen Antroewa in manchen Feinkostgeschäften angeboten.

Batate-Süßkartoffel oder weiße Kartoffel

Batate werden das ganze Jahr auf dem deutschen Markt angeboten, trotzdem ist die Süßkartoffel hierzulande wenig bekannt.

Bohnen (getrocknete Sorten)

Spargelbohnen oder Augenbohnen

bekannt auch als Schwarze-Augen-Bohnen

Adzukibohnen dunkelbraun mit weißen Streifen

Bohnen (frische Sorten).

Außer dem üblichen Angebot an Bohnen auf dem deutschen Markt, gibt es gelegentlich folgende Sorten:

Bobbybohnen (Ägypten), **Borlottibohnen** (Italien), **Cocobohnen,** bekannt als *Breite Bohnen,* **Kidneybohnen** oder *Rote Bohnen,* **Schwarze Bohnen** (Südamerika), **Limabohnen**, **Spaghetti-Bohnen**, **Wachtelbohnen**, **Adzukibohnen**, **Reisbohnen**, **Urdbohnen** und **Mungbohnen**.

Chayote (Eierkürbis) auch *Chocho* oder *Christofine* genannt

Eine Chayotefrucht wiegt ca. 250 bis 300 g. Chayotefleisch wird als Salat oder als Kochgemüse gegessen.

Flaschenkürbis

Das ganze Jahr über auf dem deutschen Markt erhältlich. Sie sehen aus wie große Zucchini und haben eine hellgrüne Farbe. Flaschenkürbis wird als Kochgemüse verwendet. Kleine Flaschenkürbisse werden auch türkische Zucchini genannt.

Maniok oder *Cassava*.

Enthält giftigen Blausäuereglykosid deshalb darf man sie nicht roh gegessen werden. Deshalb sollte der Maniok gekocht, geröstet oder gedämpft serviert.

Okra Kochgemüse

Yam Knollen, die man wie Kartoffeln kochen undessenkann.

Palmölnüsse

bekommt man ab und zu bei einigen afrikanischen Lebensmittelhändlern (Afro-Shop).

Tapioka Sago aus der Maniokwurzel

✻✻✻✻✻✻✻✻✻✻✻

Gewürze und Gewürzpflanzen

In unserem Kochbuch haben wir Gewürze und Gewürzpflanzen verwendet, die in Deutschland erhältlich sind, das sind:
Chilis. In manchen Afro-Shops gibt es sehr scharfe afrikanische Chilis.

Egusi Melonenkerne

Gelbwurzel (nicht in Pulverform), wird ab und zu auf dem Markt angeboten

Gelbwurzelpulver oder Kurkuma

Ingwerwurzel Ingwerpulver

Koriander, frisch oder getrocknet

Zitronengras

Importiert wird das Zitronengras ganzjährig. Auf den Märkten findet man ab und zu diese Sorte.

****

Maße und Gewichte

Flüssigkeiten

1 Tasse ergibt ca. 250 ml
1 Esslöffel ergibt ca. 20 ml
1 Teelöffel ergibt ca. 5 ml

Gewürze

Kräuter	1 Esslöffel ergibt ca. 5 g
Samen	1 Esslöffel ergibt ca. 8 g
Pulver	1 Esslöffel ergibt ca. 8 g
	1 Teelöffel ergibt ca. 3 g

Vor- und Nachspeisen und Salate

Avocadosalat

Zutaten:

2 Avocados, schälen und in dünne Scheiben schneiden
Saft einer halben Zitrone
Salz und Pfeffer

So wird es gemacht:

☺ Avocadoscheibenn in eine Schale geben ➡ salzen und pfeffern ➡ mit Zitronensaft beträufeln ➡ gut vermengen ➡ zu Fleischgerichten servieren.

****

Okrasalat

Zutaten:

500 g frische kleine Okraschoten, Stielansätze kegelförmig abschneiden, waschen und abtropfen lassen
1/2 Zwiebel, fein hacken
Olivenöl
Zitronensaft
Salz und Pfeffer

So wird es gemacht:

☺ Okra in Salzwasser gar kochen ➡ in ein Sieb geben ➡ abtropfen lassen und kalt stellen ➡ in eine Schüssel geben ➡ Zwiebeln dazugeben und gut vermengen ➡ mit Salz, Pfeffer, Zitronensaft und Olivenöl abschmecken ➡ kalt servieren.

Cho Cho-Salat (Christofine)

Zutaten:

250 g Cho Cho
1 kleine Zwiebel, fein hacken
1 bis 2 Esslöffel gehackte Petersilie
3 Esslöffel Olivenöl
Zitronensaft
Salz und Pfeffer

So wird es gemacht:

☺ Cho Cho in einem Topf mit reichlich Wasser gar kochen (das Fruchtfleisch muss noch fest sein) ➡ aus dem Wasser nehmen und abkühlen lassen, dann die Schale entfernen und in kleine Würfel schneiden ➡ in eine Schüssel geben ➡ vor dem Servieren Zwiebeln, Petersilie, Olivenöl, Salz, Pfeffer und Zitronensaft darüber geben ➡ gut vermengen ➡ abschmecken und servieren.

****

Ananassalat

Zutaten:

1/4 Ananas, in kleine Würfel schneiden
250 bis 300 g Weißkohl, in feine Streifen schneiden
Zitronensaft
Olivenöl
Salz und Pfeffer

So wird es gemacht:

☺ Ananasstücke und Weißkohlstreifen in eine Schüssel geben und gut vermengen ➡ mit Zitronensaft, Olivenöl, Salz und Pfeffer abschmecken und servieren.

****

Bohnensalat-Dressing

Zutaten:

1 Schalotte, fein hacken
1 Lauchzwiebel, fein hacken
1 Esslöffel gehackte Petersilie
2 bis 3 Esslöffel Öl
1 Teelöffel Weinessig
Zitronensaft
Salz, Pfeffer und Thymian

So wird es gemacht:

☺ Bohnen gar kochen und abkühlen lassen.
☺ Alle Dressingzutaten zusammenmischen und über die kalten Bohnen geben ➡ gut vermengen ➡ abschmecken ➡ 30 Minuten ziehen lassen, dann servieren.

****

Tomaten-Knoblauch-Soße

(Rougaile)

Diese Beilageart wird in verschiedenen Varianten zu Hauptgerichten serviert. Nach Herstellung der Soße gibt man fertig gebratenes Gemüse, Fisch oder Fleisch dazu. Einige ausgesuchte Rezepte haben wir unten aufgeführt.

Grundrezept

Zutaten:

3 bis 4 Knoblauchzehen, vierteln
Ein Stück Ingwerwurzel (ca. 2 cm), schälen
2 Zwiebeln, fein hacken
500 g reife Tomaten, Haut anritzen, mit kochendem Wasser überbrühen, Haut abziehen, halbieren, Samen entfernen und pürieren
1 Bund Petersilie, Blätter waschen und hacken

Salz, Pfeffer, Thymian und Kurkuma
3 bis 4 Esslöffel Wasser
4 bis 5 Esslöffel Wasser
Öl

So wird es gemacht:

☺ Knoblauch und Ingwerwurzel mit etwas Salz in einem Mörser zerdrücken.

☺ Öl in einem Topf erhitzen ➟ Zwiebeln dazugeben und dünsten, bis sie Farbe annehmen ➟ Knoblauchpaste und Kurkuma untermengen und kurz andünsten ➟ Tomaten und Petersilie dazugeben ➟ gut vermengen und bei starker Hitze und unter ständigem Rühren (damit die Tomaten nicht am Topfboden festkleben) 3 bis 4 Minuten kochen lassen ➟ Wasser dazugeben und bei schwacher Hitze ca. 5 Minuten köcheln lassen, evtl. Wasser darüber geben, damit die Soße nicht zu dick wird ➟ salzen und pfeffern.

Vermerk:
Während der letzten Minuten, kann man andere Zutaten dazugeben. Einige Varianten stehen unten.

****

Schinken-Rougaile

Zutaten:

250 g Schinken, in kleine Streifen schneiden
Öl zum Braten
Fast fertig gekochte Tomaten-Knoblauch-Soße (siehe Seite 14)

So wird es gemacht:

☺ Öl in einer Pfanne erhitzen ➟ Schinken dazugeben und knusprig braten ➟ aus der Pfanne nehmen und abtropfen lassen ➟ in die fast fertige Tomaten-Knoblauch-Soße geben und 5 Minuten köcheln lassen ➟ zu Reis servieren.

Salzfisch-Rougaile

Zutaten:

500 g Salzfisch, ca. 30 Minuten in kaltes Wasser legen, Wasser abgießen, unter fließendem Wasser abspülen, in ein Sieb geben und abtropfen lassen
Öl zum Braten
Fast fertig gekochte Tomaten-Knoblauch-Soße (siehe Seite 14)

So wird es gemacht:

☺ Fische zerkleinern und in Öl braten ➟ abtropfen lassen und in die Tomaten-Knoblauch-Soße geben ➟ 5 Minuten köcheln lassen und servieren.

****

Fleisch-Rougaile

Zutaten:

250 g mageres Fleisch, waschen und in feine Streifen schneiden
Salz, Pfeffer und Paprikapulver
Öl zum Braten
Fast fertig gekochte Tomaten-Knoblauch-Soße (siehe Seite 14)

So wird es gemacht:

☺ Öl in einer Pfanne erhitzen ➟ Fleischstreifen dazugeben ➟ Salz, Pfeffer und Paprikapulver darüber streuen ➟ gut vermengen und knusprig braten ➟ aus dem Öl nehmen und abtropfen lassen ➟ in die Tomaten-Knoblauch-Soße geben und 5 Minuten köcheln lassen.

****

Schalotten-Rougaile

Zutaten:

500 g Schalotten, in dünne Ringe schneiden
Öl zum Braten
Fast fertig gekochte Tomaten-Knoblauch-Soße (siehe Seite 14)

So wird es gemacht:

☺ Öl in einem Topf erhitzen ➟ Schalotten dazugeben und glasig dünsten (sie dürfen nicht braun werden) ➟ in die Soße geben und 6 bis 7 Minuten köcheln lassen.

****

Hackfleisch-Rougaile

Zutaten:

250 g Hackfleisch
Salz, Pfeffer und Paprikapulver
Öl zum Braten
Fast fertig gekochte Tomaten-Knoblauch-Soße (siehe Seite 14)

So wird es gemacht:

☺ Hackfleisch mit Salz, Pfeffer und Paprikapulver abschmecken ➟ Öl in einer Pfanne erhitzen ➟ Hackfleisch dazugeben und knusprig braten ➟ aus der Pfanne nehmen und abtropfen lassen ➟ in die Soße geben und 5 Minuten köcheln lassen.

****

Würstchen-Rougaile

Zutaten:

250 bis 300 g gewürzte Würstchen, mit kochendem Wasser überbrühen, Haut abziehen und in Scheiben schneiden
Öl zum Braten
Fast fertig gekochte Tomaten-Knoblauch-Soße (siehe Seite 14)

So wird es gemacht:

☺ Öl in einer Pfanne erhitzen ➟ Würstchenscheiben dazugeben und braten ➟ aus dem Öl nehmen und abtropfen lassen ➟ in die Soße geben und 5 Minuten köcheln lassen.

****

Krabben-Rougaile

Zutaten:

250 g Krabbenfleisch
Öl zum Braten
Fast fertig gekochte Tomaten-Knoblauch-Soße (siehe Seite 14)

So wird es gemacht:

☺ Öl in einer Pfanne erhitzen ➟ Krabben dazugeben und 4 bis 5 Minuten braten ➟ in die Tomaten-Knoblauch-Soße geben und ca. 5 Minuten köcheln lassen.

****

Eier-Rougaile

Zutaten:

5 bis 6 Eier, hart kochen, Schale entfernen und halbieren
Fast fertig gekochte Tomaten-Knoblauch-Soße (siehe Seite 14)

So wird es gemacht:

☺ Eier in die Soße geben und ca. 5 Minuten köcheln lassen (Soße nicht umrühren).

****

Tintenfisch-Rougaile

Zutaten:

250 g getrocknete Tintenfische
Öl zum Braten
Fast fertig gekochte Tomaten-Knoblauch-Soße (siehe Seite 14)

So wird es gemacht:

☺ Tintenfische knusprig braten ➟ in kleine Ringe schneiden und in die Soße geben ➟ 5 Minuten köcheln lassen.

****

Chutney

Hausgemachte Gewürzmischung
Auberginen-Chutney

Zutaten:

1 große oder 2 mittelgroße Auberginen, Stielansätze abschneiden, schälen, in Streifen schneiden, mit Salz bestreuen, 30 Minuten stehen lassen, mit klarem Wasser ausspülen, in ein Sieb geben und abtropfen lassen, damit die bitteren Säfte austropfen können
1 Zwiebel, fein hacken
1 Knoblauchzehe, hacken
Ein Stück Ingwerwurzel (ca. 2 cm), hacken
1/2 Chilischote, Samen entfernen und fein hacken
Zitronensaft
2 Esslöffel gehackte Petersilie
Salz und Pfeffer
Öl zum Braten

So wird es gemacht:

☺ Öl in einer Pfanne erhitzen ➟ Auberginen dazugeben und goldbraun braten ➟ aus dem Öl nehmen und abtropfen lassen ➟ in eine Schale geben und mit einer Gabel pürieren.
☺ Knoblauch, Ingwerwurzel und Chili mit etwas Salz in einem Mörser zerdrücken ➟ die restlichen Zutaten und die Auberginen dazugeben und gut vermengen ➟ mit Salz, Pfeffer und Zitronensaft abschmecken.

****

Tomaten-Chutney

Zutaten:

200 bis 250 g Tomaten, Haut anritzen, mit kochendem Wasser überbrühen, Haut abziehen, halbieren, Samen entfernen und hacken
1 Zwiebel, hacken
1/2 Knoblauchzehen, zerkleinern
Stück Ingwerwurzel (ca. 2 cm), hacken
1/4 Chilischote, Samen entfernen
1/4 Teelöffel getrockneter Koriander
2 Esslöffel gehackte Petersilie
Zitronensaft
Salz, Pfeffer und Paprikapulver
Öl

So wird es gemacht:

☺ Knoblauch, Ingwerwurzel und Chili mit etwas Salz in einem Mörser zerdrücken.
☺ Alle Zutaten in eine Schale geben und gut vermengen ➡ abschmecken und servieren.

****

Cho Cho-Chutney

Zutaten:

250 g Cho Cho (Christofine), kochen und abkühlen lassen, dann die Schalen entfernen und mit einer Gabel zerkleinern
1 Zwiebel, fein hacken
1/2 Knoblauchzehe, hacken
Ein Stück Ingwerwurzel (ca. 2 cm), hacken
1/4 Chilischote, hacken
Öl
Zitronensaft
Salz und Pfeffer

So wird es gemacht:

☺ Knoblauch, Ingwerwurzel und Chili mit etwas Salz in einem Mörser zerdrücken.
☺ Alle Zutaten in eine Schale geben und gut vermengen ➠ abschmecken und servieren.

****

Kokosnuss-Chutney

Zutaten:

3 Esslöffel gehackte Kokosnuss
1 Knoblauchzehe, hacken
3 Esslöffel gehackte Ingwerwurzel
2 Chilischoten, entkernen und hacken
1 Esslöffel Zitronensaft
Salz

So wird es gemacht:

☺ Alle Zutaten in einen Mörser geben und zerdrücken ➠ abschmecken ➠ kalt servieren.

****

Variante 2

Zutaten:

75 g gehackte Kokosnuss
1 kleine Zwiebel, hacken
1/2 Knoblauchzehe, hacken
1/2 Teelöffel Ingwerpulver
2 Esslöffel gehackte Ingwerwurzel
1 Chilischote, entkernen und fein hacken
je 1/2 Teelöffel Senfpulver und Currypulver
2 Esslöffel Zitronensaft
Salz

So wird es gemacht:

☺ Kokosnuss und Zitronensaft in den Mixaufsatz einer Elektroküchenmaschine geben und kurz mixen ➟ alle anderen Zutaten (außer Öl) dazugeben ➟ zu einer glatten Paste mixen ➟ abschmecken ➟ Öl in einer Pfanne erhitzen ➟ Paste dazugeben und auf kleiner Flamme 1 Minute garen ➟ in eine Schale geben ➟ kalt servieren.

oder

☺ Kokosnuss, Zitronensaft, Knoblauch, Ingwerwurzel, Chilischote, Curry- und Senfpulver wie oben beschrieben zu einer Paste verarbeiten.

☺ Öl in einer Pfanne erhitzen, dann Zwiebeln dazugeben und glasig braten, danach Ingwerwurzel dazugeben und weiter braten, bis der Inhalt Farbe annimmt ➟ Kokosnusspaste dazugeben und auf kleiner Flamme 1 Minute unter ständigem Rühren garen ➟ in eine Schale geben und kalt servieren.

****

Variante 3

Zutaten:

1/2 Kokosnuss, braune Schale entfernen, das weiße Fruchtfleisch reiben
1/2 Knoblauchzehe, hacken
Ein Stück Ingwerwurzel (ca. 2 cm), hacken
1/2 Chilischote, Samen entfernen und hacken
1 Esslöffel gehackte Pfefferminze
1/2 Teelöffel Essig
Zitronensaft
Öl

So wird es gemacht:

☺ Knoblauch, Ingwerwurzel und Chili in einem Mörser zerdrücken.

☺ Alle Zutaten in eine Schale geben und gut vermengen ➟ mit Zitronensaft abschmecken und servieren.

Mango-Chutney

Zutaten:

2 Mangos, schälen, Fruchtfleisch vom Stein lösen und klein schneiden
Zitronensaft
1 Knoblauchzehe, hacken
Ein Stück Ingwerwurzel (ca. 2 cm), hacken
1/2 Chilischote, Samen entfernen
Olivenöl
Salz und Pfeffer

So wird es gemacht:

☺ Knoblauch, Ingwerwurzel und Chili mit etwas Salz in einen Mörser geben und zerdrücken.
☺ Alle Zutaten in eine Schale geben ➟ gut vermengen ➟ mit Salz, Pfeffer und Zitronensaft abschmecken und servieren.

****

Variante 2

Zutaten:

2 Mangos, schälen, Fruchtfleisch vom Stein lösen und zerkleinern
1 Zwiebel, hacken
1 Knoblauchzehe, hacken
Ein Stück Ingwerwurzel (ca. 2 cm), hacken
1/2 Chilischote, Samen entfernen und fein hacken
1 Teelöffel Kurkuma
Zitronensaft
Salz und Pfeffer
Öl

So wird es gemacht:

☺ Zerkleinerte Mangofrüchte in eine Schale geben.
☺ Knoblauch und Ingwerwurzel mit etwas Salz zerdrücken.
☺ Öl in einem Topf erhitzen ➟ Zwiebeln dazugeben und glasig dünsten ➟ Knoblauchpaste, Chili und Kurkuma untermengen und bei schwacher Hitze ca. 1 Minute dünsten ➟ über die Mangos geben und gut vermeengen ➟ mit Salz, Pfeffer und Zitronensaft abschmecken und servieren.

****

Variante 3

Zutaten:

1 Tasse Pfefferminzblätter, waschen, abtropfen lassen und hacken
1 kleine Zwiebel, längs halbieren, in hauchdünne Scheiben schneiden und fein hacken
30 g gehackte Kokosnuss, in 2 Esslöffel heißer Milch ca. eine halbe Stunde einweichen
100 ml Jogurt
1/4 grüne Paprikaschote, entkernen und fein hacken
Salz

So wird es gemacht:

☺ Jogurt in eine Schale geben und glatt schlagen ➟ alle Zutaten dazugeben und gut mischen ➟ mit Salz abschmecken und kalt servieren.

****

Variante 4

Zutaten:

3 Mangos (ca. 500 g)
1 Chilischote, Stielansatz abschneiden, der Länge nach halbieren, Samen entfernen und in feine Streifen schneiden
15 g Ingwerwurzel, schälen und zerdrücken
1 Knoblauchzehe, mit Salz zerdrücken
1 Esslöffel gehackte Petersilie
je 1/2 Esslöffel Chilipulver und Cayennepfeffer
30 g Mandeln, in Streifen geschnitten
200 ml Essig
75 g Zucker
Salz

So wird es gemacht:

☺ Mangos waschen und abtrocknen ➟ längs halbieren, Kerne entfernen, schälen, würfeln oder in Scheiben schneiden ➟ zur Seite stellen.

☺ Ingwerwurzel, Knoblauch, Cayennepfeffer, Petersilie und Chilis mit etwas Essig zu einer Paste verarbeiten ➟ Essig in einem Topf mit Zucker vermischen und erhitzen ➟ Mangos dazugeben und auf kleiner Flamme 4 bis 5 Minuten köcheln lassen ➟ Ingwer-Knoblauch-Paste untermengen und für weitere 5 Minuten köcheln lassen ➟ Mandeln darüber streuen ➟ umrühren und weitere 3 Minuten kochen ➟ abschmecken ➟ in eine Schale geben und kalt servieren.

****

Suppen

Kressesuppe

Zutaten:

*250 g Kresse, Blätter waschen und abtropfen lassen
2 Zwiebeln, hacken
1 Tomaten, Haut anritzen, mit kochendem Wasser überbrühen, Haut abziehen, halbieren, Samen entfernen und hacken
2 bis 3 Knochlauchzehen, fein hacken
ca. 3 cm Ingwerwurzel, schälen und fein hacken
1 Tasse Brühe
Salz
Pfeffer
Chilipulver und Paprikapulver (Menge nach Geschmack)
Öl oder Butter

So wird es gemacht:

☺ Öl oder Butter in einem Topf erhitzen ➟ Zwiebeln dazugeben und glasig dünsten ➟ Tomaten, Knoblauch und Ingwerwurzel untermengen und dünsten, bis viel Flüssigkeit verdampft ist ➟ Kresse dazugeben und gut vermengen ➟ 1 Tasse Brühe und 2 Tassen Wasser darüber geben ➟ mit Salz, Pfeffer, Chilipulver und Paprikapulver abschmecken ➟ aufkochen lassen und dann bei schwacher Hitze köcheln lassen, bis die Kresse gar ist ➟ heiß servieren.

Vermerk:
*An Stelle von Kresse kann man auch andere Blattgemüsesorten verwenden.

❂❂❂❂❂❂❂❂❂❂❂❂

Tomatensuppe

Zutaten:

500 g reife Tomaten, Haut anritzen, mit kochendem Wasser überbrühen, Haut abziehen, halbieren, Samen entfernen und hacken
250 g Karotten, schaben und zerkleinern
2 bis 3 Zwiebeln, hacken
3 Lauchzwiebeln oder 2 Schalotten, hacken
1 Bund Petersilie, Blätter waschen und grob hacken
1 Esslöffel gehackter Thymian
Salz
Pfeffer
Chilipulver und Piment
Öl, Butter oder Margarine

So wird es gemacht:

☺ 1 Liter Wasser in einen Topf geben ➟ Karotten, Tomaten, Salz, Pfeffer, Chilipulver, Piment, Thymian und Petersilie dazugeben ➟ kochen lassen, bis die Karotten sehr gar sind ➟ Topf vom Herd nehmen und beiseite stellen.

☺ Karotten aus der Suppe nehmen und abkühlen lassen, dann mit etwas Suppenflüssigkeit in einem Mixer pürieren, wieder in die Suppe geben und erhitzen. In der Zwischenzeit, Öl, Butter oder Magarine in einer Pfanne erhitzen ➟ Lauchzwiebeln oder Schalotten dazugeben und braten, bis sie Farbe annehmen ➟ in die Suppe geben ➟ gut vermengen ➟ Suppe heiß servieren.

✪✪✪✪✪✪✪✪✪✪✪

Maissuppe

Zutaten:

4 bis 5 Maiskolben, waschen und in Ringe schneiden
1 Tasse Wasser

1 Tasse Brühe
1/4 Tasse Milch
1 Zwiebel, fein hacken
1/2 Esslöffel Maismehl
1 Esslöffel gehackte Petersilie
Öl
Salz
Pfeffer

So wird es gemacht:

☺ Wasser, Brühe und Maisringe in einen Topf geben ➟ kochen lassen, bis die Maisringe gar sind ➟ Maisringe aus der Brühe nehmen ➟ die Körner lösen und in die Brühe geben ➟ bei schwacher Hitze die Brühe köcheln lassen. Inzwischen Öl in einer Pfanne erhitzen ➟ Zwiebeln dazugeben und glasig dünsten ➟ salzen und pfeffern ➟ Petersilie untermengen und kurz dünsten ➟ zu der Suppe geben ➟ Maismehl in Milch auflösen und in die Suppe geben ➟ umrühren ➟ 6 bis 7 Minuten köcheln lassen und heiß servieren.

✪✪✪✪✪✪✪✪✪✪✪

Yamsuppe

Zutaten:

1 kg Yam, schälen und zerkleinern
1 Zwiebel, fein hacken
4 reife Tomaten, Haut anritzen, mit kochendem Wasser überbrühen, Haut abziehen, halbieren, Samen entfernen und hacken
4 Tassen Wasser oder 2 Tassen Wasser und 2 Tassen Brühe
1 Knoblauchzehe, mit Salz zerdrücken
2 Esslöffel gehackte Petersilie
Salz und Pfeffer
Chilipulver
Öl oder Butter

So wird es gemacht

☺ Yam in Salzwasser gar kochen ➟ in ein Sieb geben und abtropfen lassen, dann pürieren und in einen Topf geben ➟ mit etwas Wasser oder Brühe vermengen.
☺ Öl oder Butter in einer Pfanne erhitzen ➟ Zwiebeln dazugeben und glasig dünsten ➟ Tomaten, Knoblauchpaste, und Petersilie untermengen und ca. 2 Minuten dünsten ➟ über das Yampüree geben und gut vermengen ➟ Wasser und Brühe nach und nach dazugeben und gut vermengen ➟ salzen und pfeffern ➟ Yamsuppe zum Kochen bringen, dann bei schwacher Hitze 4 bis 5 Minuten köcheln lassen und heiß servieren.

❂❂❂❂❂❂❂❂❂❂❂

Okrasuppe

Zutaten:

250 g mageres Rindfleisch, in kleine Würfel schneiden, waschen und abtropfen lassen
250 g Okraschoten, Stielansätze kegelförmig abschneiden, waschen, abtropfen lassen und in feine Ringe schneiden
1 Zwiebel, fein hacken
3/4 Liter Wasser
Salz, Pfeffer und Chilipulver
Öl oder Butterfett

So wird es gemacht:

☺ Öl oder Butterfett in einem Topf erhitzen ➟ Fleischwürfel dazugeben ➟ Salz, Pfeffer und Chilipulver darüber streuen und scharf anbraten ➟ aus dem Topf nehmen und warm halten ➟ im selben Topf die Zwiebeln dünsten, bis sie Farbe annehmen ➟ Okra untermengen und kurz dünsten ➟ Fleisch und Wasser darüber geben ➟ umrühren ➟ abschmecken ➟ kochen lassen, bis die Okra gar sind ➟ heiß servieren.

❂❂❂❂❂❂❂❂❂❂❂

Linsensuppe

Zutaten:

250 bis 300 g dunkle Linsen, waschen und abtropfen lassen
1 Zwiebel, fein hacken
1 Knoblauchzehe, mit Salz zerdrücken
2 bis 3 Tomaten, Haut anritzen, mit kochendem Wasser überbrühen, Haut abziehen, halbieren, Samen entfernen und pürieren
2 bis 3 Esslöffel gehackte Petersilie
1 Teelöffel getrockneter Thymian
Salz
Pfeffer
Öl
2 Tassen Wasser
1 Tasse Brühe

So wird es gemacht:

☺ Linsen in Wasser und Brühe gar kochen.
☺ Öl in einer Pfanne erhitzen ➟ Zwiebeln dazugeben und dünsten ➟ Knoblauchpaste untermengen und kurz dünsten ➟ Tomaten dazugeben und bei schwacher Hitze ca. 5 Minuten dünsten ➟ Petersilie, Thymian, Salz und Pfeffer untermengen und gut vermischen ➟ zu der Suppe geben ➟ umrühren ➟ abschmecken und ca. 10 Minuten köcheln lassen ➟ heiß servieren.

✪✪✪✪✪✪✪✪✪✪✪

Salzfischsuppe

Zutaten:

250 bis 300 g gesalzenen Fisch, in Stücke schneiden, 30 Minuten in kaltes Wasser legen, mit klarem Wasser abspülen, in ein Sieb geben und abtropfen lassen
5 Zwiebeln, hacken
200 bis 250 g Tomaten, Haut anritzen, mit kochendem Wasser überbrühen, Haut abziehen, halbieren, Samen entfernen und hacken
1 Chilischote, hacken
1 Knoblauchzehe und 2 cm Ingwerwurzel, mit etwas Salz zerdrücken
Salz
Pfeffer
Öl

So wird es gemacht:

☺ Öl in einem Topf erhitzen ➟ Fischstücke dazugeben und braten, bis sie Farbe annehmen ➟ aus dem Öl nehmen und warm halten.
☺ Im selben Topf Zwiebeln glasig dünsten ➟ Tomaten, Knoblauch-Ingwer-Paste und Chili untermengen ➟ einige Minuten dünsten ➟ Fischstücke dazugeben ➟ 2 bis 3 Tassen Wasser darüben geben und ca. 10 bis 15 Minuten köcheln lassen.

❂❂❂❂❂❂❂❂❂❂❂

Gemüsegerichte

Gebratene Okra

Zutaten:

250 g kleine frische Okraschoten, Stielansätze kegelförmig abschneiden, waschen und abtropfen lassen
1/2 Esslöffel gehackte Petersilie
1 Ei, aufschlagen, in eine kleine Schale geben und gut verrühren
1/2 Tasse Milch
100 g Mehl, sieben
Salz
Pfeffer
Öl

So wird es gemacht:

☺ Mehl in eine Schüssel geben ➟ eine Mulde in die Mitte drücken ➟ Ei, Salz und Pfeffer dazugeben und gut vermengen ➟ Milch und 1 Esslöffel Öl darüber geben und zu einem weichen Teig verarbeiten ➟ 2 bis 3 Stunden stehen lassen.

☺ Okraschoten in reichlich kochendes Wasser geben und fast gar kochen ➟ in ein Sieb geben und gut abtropfen lassen, dann in den Teig geben und gut vermengen ➟ Öl in einer Pfanne erhitzen und die Okra darin braten ➟ aus dem Öl nehmen ➟ abtropfen lassen ➟ auf einen Teller geben ➟ mit Petersilie garnieren und heiß servieren.

****

Gebratene Auberginen

Zutaten:

1 große oder 2 lange Auberginen, schälen, in dünne Scheiben schneiden, mit Salz bestreuen, in ein Sieb geben, ca. 30 Minuten stehen lassen, damit die bitteren Säfte abtropfen können, unter fließendem Wasser abspülen und gut abtropfen lassen
1/2 Esslöffel gehackte Petersilie
1 Ei, aufschlagen, in eine kleine Schale geben und gut verrühren
1/2 Tasse Milch
100 g Mehl, sieben
Salz
Pfeffer
1 Teelöffel Kurkuma
Öl

So wird es gemacht:

☺ Mehl in eine Schüssel geben ➟ eine Mulde in die Mitte drücken ➟ Ei, Salz und Pfeffer dazugeben und gut vermengen ➟ Milch und 1 Esslöffel Öl darüber geben und zu einem weichen Teig verarbeiten ➟ 2 bis 3 Stunden stehen lassen.

☺ Öl in einer Pfanne erhitzen ➟ Kurkuma dazugeben ➟ Auberginenscheiben in den Teig tauchen, dann von beiden Seiten goldbraun braten ➟ mit Petersilie garnieren und heiß servieren.

****

Auberginen-Frikassee

Zutaten:

500 g Auberginen, Stielansätze entfernen, der Länge nach halbieren, jede Hälfte in vier Stücke schneiden, in ein Sieb geben, mit Salz bestreuen, 30 Minuten stehen lassen, dann unter fließendem Wasser abspülen und gut abtropfen lassen
2 Zwiebeln, hacken
1 Knoblauchzehe, zerkleinern
2 cm Ingwerwurzel, schälen und zerkleinern
1 große Tomate, hacken
2 Esslöffel gehackte Petersilie
Salz
Pfeffer
Thymian
Öl, zum Braten

So wird es gemacht:

☺ Knoblauch und Ingwerwurzel mit etwas Salz in einem Mörser zu einer Paste verarbeiten.
☺ Etwas Öl in einer Pfanne erhitzen ➟ Zwiebeln dazugeben und kurz dünsten ➟ Petersilie, Knoblauchpaste, Thymian, Tomaten, Salz und Pfeffer untermengen und ca. 1 Minute dünsten ➟ Auberginen dazugeben ➟ gut vermengen und kochen lassen, bis die Auberginen gar, aber noch fest sind (5 bis 6 Minuten) ➟ heiß mit Reis servieren.

Vermerk:
Zur Geschmacksverbesserung kann man zuerst 50 g Hackfleisch braten und wie oben beschrieben weiter verfahren.

****

Gefüllte Auberginen

Zutaten:

1 kg lange Auberginen
250 g Zwiebeln, hacken
200 g Hackfleisch
3 Tomaten, halbieren, Samen entfernen und hacken
1 Knoblauchzehe, zerkleinern
2 bis 3 cm Ingwerwrzel, schälen und hacken
1 Bund Petersilie, Blätter waschen und hacken
1 Teelöffel getrockneter Thymian
Salz, Pfeffer und Chilipulver
2 Toastscheiben, toasten und zerkrümeln
Öl, zum Braten

So wird es gemacht:

☺ Knoblauch und Ingwerwurzel mit etwas Salz zu einer Paste verarbeiten.

☺ Auberginen waschen und die Stielansätze abschneiden ➟ Auberginen der Länge nach durchschneiden ➟ Öl in einer Pfanne erhitzen und die Auberginen ca. 5 Minuten darin braten ➟ die gebratenen Auberginen in eine Auflaufform mit den Schnittflächen nach oben legen ➟ das Fruchtfleisch mit einem Löffel entfernen und in eine Schüssel geben.

☺ Den größten Teil des Bratöls aus der Pfanne abgießen ➟ Öl erhitzen ➟ Hackfleisch dazugeben und braten ➟ aus der Pfanne nehmen ➟ abtropfen lassen und zum Auberginenfruchtfleisch geben ➟ Zwiebeln in derselben Pfanne dünsten, bis sie Farbe annehmen ➟ Knoblauchpaste untermengen und kurz dünsten ➟ Tomaten untermengen und 3 bis 4 Minuten dünsten ➟ Pfanneninhalt zum Fleisch und Auberginenfruchtfleisch geben ➟ gut vermengen ➟ mit Salz, Pfeffer und Chilipulver abschmecken und die Auberginenhälften damit füllen ➟ Petersilie und Brotkrümel darüber streuen und im vorgeheizten Backofen (170-180°C) 20 bis 25 Minuten backen ➟ heiß mit Reis servieren.

Gefüllte Cho Chos (Christofine)

Zutaten:

500 g längliche Cho Chos
250 g Rindfleisch, waschen, abtropfen lassen und in feine Würfel schneiden
2 Zwiebeln, hacken
3 bis 4 Tomaten, halbieren, Samen entfernen und hacken
1 Knoblauchzehe, zerkleinern
3 cm Ingwerwurzel, schälen und zerkleinern
1/2 Bund Petersilie, Blätter waschen und hacken
1 Teelöffel getrockneter Thymian
1 Teelöffel Kurkuma
Salz, Pfeffer und Chilipulver
Geriebener Käse
Zerlassene Butter
Öl

So wird es gemacht:

☺ Knoblauch und Ingwerwurzel mit etwas Salz in einen Mörser geben und zerdrücken.

☺ Cho Chos gar kochen ➟ der Länge nach halbieren ➟ den größten Teil des Fruchtfleisches mit einem Löffel entfernen ➟ in eine Schüssel geben und mit einer Gabel zerdrücken ➟ die Cho Cho-Hälften in eine Auflaufform mit der Schnittfläche nach oben legen.

☺ Öl in einer Pfanne erhitzen ➟ Fleischwürfel dazugeben und knusprig braten ➟ aus dem Öl nehmen und beiseite stellen.

☺ Die Zwiebeln in derselben Pfanne glasig dünsten ➟ Knoblauchpaste untermengen und kurz dünsten ➟ Tomaten, Petersilie und Thymian dazugeben ➟ gut vermengen ➟ 3 bis 4 Minuten dünsten, dann das Fleisch untermengen und weitere 7 bis 8 Minuten kochen ➟ Pfanneninhalt zum Cho Cho-Fruchtfleisch geben ➟ gut vermengen ➟ mit Salz, Pfeffer, Chilipulver und Kurkuma abschmecken, dann die Cho Cho-Hälften damit füllen ➟ kurz vor dem Servieren zerlassene Butter darüber geben und geriebenen Käse darüber streuen ➟ im vorgeheizten Backofen (170-180°C) backen, bis der Käse geschmolzen ist ➟ heiß servieren.

Gebackene Champignons

Zutaten:

1 kg frische Champignons, waschen, abtropfen lassen und zerkleinern
1 Zwiebel, hacken
1 Knoblauchzehe, mit etwas Salz zerdrücken
1/2 Bund Petersilie, Blätter waschen und hacken
ca. 100 g Käse, reiben
Salz
Pfeffer
Öl und Butter

So wird es gemacht:

☺ Champignons, Zwiebeln, Knoblauchpaste und Petersilie in eine Schüssel geben und gut vermengen ➟ salzen und pfeffern ➟ 2 bis 3 Esslöffel Öl in einer Pfanne erhitzen und zu der Mischung geben ➟ 2 bis 3 Esslöffel Öl in einer Pfanne erhitzen und zu der Mischung geben ➟ 2 bis 3 Minuten dünsten lassen, dann in eine eingefettete Auflaufform geben ➟ mit geriebenem Käse bestreuen und im vorgeheizten Backofen (170-180°C) 5 bis 6 Minuten backen.

✻✻✻✻✻✻✻✻✻✻✻

Cassava (Maniok) Cate Cate

Zutaten:

500 g Cassava (Maniok), schälen und in kleine Würfel schneiden (ca. 2 bis 3 cm)
200 g Schinken, in feine Streifen schneiden
2 Zwiebeln, hacken
3 bis 4 Tomaten, der Länge nach halbieren, Samen entfernen und hacken
2 Tassen Wasser
Salz
Pfeffer
Chilipulver
Öl und Butter

So wird es gemacht:

☺ Etwas Öl in einem Topf erhitzen ➟ Zwiebeln dazugeben und glasig dünsten ➟ Schinken untermengen und braten, bis er Farbe annimmt ➟ Tomaten und Petersilie dazugeben ➟ dünsten lassen, bis viel Flüssigkeit verdampft ist ➟ die Cassava dazugeben und gut vermengen ➟ Wasser darüber geben ➟ zum Kochen bringen, dann bei schwacher Hitze köcheln lassen, bis die Cassava gar ist ➟ mit Salz, Pfeffer und Chilipulver abschmecken ➟ vor dem Servieren Butter darüber geben.

****

Gekochte Cassava

Zutaten:

500 g Cassava (Maniok)
Butter

So wird es gemacht:

☺ Cassava schälen und gar kochen ➟ in eine Schüssel geben ➟ mit Butter bestreichen und servieren.

****

Gebratene Chilischoten

Zutaten:

10 bis 15 lange süße Chilischoten, waschen und abtrocknen
1 Tasse Mehl
1 Tasse Wasser
1 Eigelb
1 Esslöffel gehackte Petersilie
1/2 Teelöffel getrockneter Thymian
Salz
Pfeffer
Kurkuma
Öl, zum Braten

So wird es gemacht:

☺ Alle Zutaten, außer Öl und Chilischoten, in eine Schüssel geben und zu einem weichen Teig verarbeiten ➠ Chilischoten in den Teig tauchen ➠ inzwischen Öl in einer Pfanne erhitzen ➠ Chilischoten in dem heißen Öl ca. 3 Minuten braten und sofort servieren.

****

Blumenkohl

Zutaten:

1 Blumenkohl, grüne Blätter entfernen, waschen und abtropfen lassen
1 Zwiebel, vierteln
100 g Brotkrümel
1 Teelöffel getrockneter Thymian
1/2 Bund Petersilie, Blätter waschen und grob hacken
Salz
Pfeffer
Chilipulver
100 bis 125 g Butter oder Magarine

So wird es gemacht:

☺ Blumenkohl in einen großen Topf geben ➠ mit Wasser fast bedecken ➠ Zwiebeln, Petersilie, Thymian, Salz, Pfeffer und Chilipulver dazugeben ➠ kurz umrühren und den Blumenkohl gar kochen ➠ vorsichtig aus dem Wasser nehmen, in eine Schüssel geben und warm halten.

☺ Butter in einer Pfanne zerlassen ➠ etwas Pfeffer dazugeben und umrühren ➠ Brotkrümel untermengen ➠ unter ständigem Rühren köcheln lassen, bis die Soße dicker wird ➠ über den gekochten Blumenkohl geben und heiß servieren.

****

Kartoffelkoteletts

Zutaten:

500 g Kartoffeln, schälen und waschen
500 g Hüttenkäse, reiben
1/2 Chilischote, Samen entfernen und fein hacken oder zerdrücken
2 Brotscheiben, in Wasser einweichen, aus dem Wasser nehmen und auspressen
1 Teelöffel getrockneter Koriander
Salz
Pfeffer
2 bis 3 Esslöffel Mehl
Öl, zum Braten
Paniermehl

So wird es gemacht:

☺ Mehl mit Wasser zu einem weichen Teig verrühren.
☺ Paniermehl auf einem Teller verteilen.
☺ Kartoffeln mit Salzwasser gar kochen ➟ in ein Sieb geben und abtropfen lassen ➟ die noch sehr heißen Kartoffeln mit einer Gabel pürieren ➟ Käse, Chili, Koriander und Brot dazugeben und zu einem Teig verarbeiten ➟ abschmecken und zu kleinen Bällchen formen, dann flach drücken.
☺ Öl in einer Pfanne erhitzen ➟ die Kartoffelfladen zuerst in Mehlteig tauchen, dann in Paniermehl von beiden Seiten wenden ➟ in dem heißen Öl goldbraun braten ➟ heiß mit Chutney servieren.

****

Gefüllter Kohlkopf

Zutaten:

1 Kohlkopf, die äußeren Blätter entfernen
200 g Hackfleisch
50 g Schinken, in Streifen schneiden
200 g mageres Fleisch, klein würfeln
2 Zwiebeln, hacken
1 Zwiebel, in Streifen oder Scheiben schneiden
4 Tomaten, Haut anritzen, mit kochendem Wasser überbrühen, Haut abziehen, der Länge nach halbieren, Samen entfernen und hacken
2 große Kartoffeln, schälen, waschen und in kleine Würfel schneiden
1/2 Knoblauchzehe und 2 cm Ingwerwurzel mit etwas Salz zu einer Paste zerdrücken
1 Teelöffel getrockneter Thymian
Salz
Pfeffer
Chilipulver
Öl

So wird es gemacht:

☺ Öl in einer Pfanne erhitzen ➡ Knoblauchpaste dazugeben und kurz braten ➡ Schinken dazugeben und knusprig braten ➡ aus dem Öl nehmen und warm halten, dann nacheinander die Fleischwürfel und das Hackfleisch braten ➡ aus dem Öl nehmen und warm halten ➡ gehackte Zwiebeln, Tomaten, Petersilie und Thymian einige Minuten dünsten ➡ die Fleischsorten untermengen ➡ mit Salz, Pfeffer und Chilipulver abschmecken ➡ bei schwacher Hitze köcheln lassen, bis viel Flüssigkeit verdampft ist ➡ vom Herd nehmen und beiseite stellen.

☺ Reichlich Wasser in einem Topf zum Kochen bringen ➡ Kohlkopf in das kochende Wasser tauchen, damit die Blätter sich lösen können ➡ die Blätter nach außen biegen und die mittleren Blätter mit einem Messer entfernen ➟ das fertig gebratene Fleisch in den Kohlkopf geben, dann die noch vorhandenen Blätter Richtung Mitte schließen und mit Holzspießen befestigen, damit sie beim Kochen nicht aufklappen.

☺ Etwas Öl in einem Topf erhitzen ➟ Zwiebelstreifen dazugeben und dünsten, bis sie Farbe annehmen ➟ Kartoffeln untermengen und kurz braten ➟ etwas Wasser darüber geben und gut umrühren ➟ den gefüllten Kohlkopf in den Topf geben ➟ bei schwacher Hitze 20 bis 25 Minuten garen. Evtl. Wasser darüber geben ➟ heiß mit Reis oder Brot servieren.

****

Gemüseeintopf

Zutaten:

1/2 Blumenkohlkopf, zerlegen, waschen und abtropfen lassen
150 bis 200 g Kartoffeln, schälen, würfeln, waschen und abtropfen lassen
150 g Karotten, waschen, schaben und in dünne Streifen oder Scheiben schneiden
150 g frische Erbsen, gar kochen, in ein Sieb geben und abtropfen lassen
250 g Tomaten, quer halbieren, Samen entfernen und hacken
3 bis 4 Zwiebeln, hacken
500 g Rindfleisch, in Würfel schneiden, waschen und abtropfen lassen
1 Knoblauchzehe und 2 cm Ingwerwurzel, mit etwas Salz zerdrücken
1 Tasse Brühe
je 1/2 Teelöffel Nelkenpulver, geriebener Muskat und Piment
Salz
Pfeffer
Chilipulver
Öl zum Braten

So wird es gemacht:

☺ Öl in einem Topf erhitzen ➟ etwas Knoplauchpaste dazugeben und kurz dünsten ➟ Fleisch untermengen ➟ Salz, Pfeffer, Muskat, Nelkenpulver, Piment und Chilipulver darüber streuen ➟ gut vermengen, dann braten, bis die Fleischwürfel Farbe annehmen ➟ 1/2 Tasse Brühe dazugeben ➟ Topf zudecken und gar kochen.
☺ Öl in einer Pfanne erhitzen ➟ Kartoffeln dazugeben und braten ➟ aus der Pfanne nehmen ➟ abtropfen lassen und warm halten, auf die gleiche Art die Karotten und den Blumenkohl zubereiten. In der gleichen Pfanne die restliche Knoblauchpaste kurz dünsten ➟ Zwiebeln dazugeben und glasig dünsten ➟ Tomaten dazugeben, dünsten lassen, bis viel Flüssigkeit verdampft ist ➟ 1/2 Tasse Brühe dazugeben und gut vermengen ➟ abschmecken ➟ zum Fleisch geben ➟ das fertig gebratene Gemüse und die Erbsen untermengen und 4 bis 5 Minuten köcheln lassen ➟ heiß mit Reis servieren.

****

Geschmorter Chinakohl

Zutaten:

1 Chinakohlkopf, Blätter waschen und grob zerkleinern
50 g Schinken, klein würfeln
100 g Hackfleisch
2 Zwiebeln, hacken
1/2 Knoblauchzehe und 2 cm Ingwerwurzel, mit etwas Salz in einem Mörser zerdrücken
Salz
Pfeffer
Chilipulver
Öl

So wird es gemacht:

☺ Öl in einem Topf erhitzen ➟ Zwiebeln dazugeben ung glasig dünsten ➟ Hackfleisch und Schinken untermengen und braten ➟ Chinakohlblätter dazugeben und gut vermengen ➟ dünsten lassen, bis die Blätter weich sind ➟ Knoblauchpaste dazugeben ➟ mit Salz, Pfeffer und Chilipulver abschmecken ➟ etwas Wasser darüber geben und bei schwacher Hitze ca. 10 Minuten dünsten ➟ heiß mit Reis und Rougaile servieren.

****

Geschmorte Cho Cho

Zutaten:

500 g Cho Cho (Christofine), schälen und in Scheiben schneiden
1 Zwiebel, hacken
4 bis 5 Tomaten, Samen entfernen und hacken
1/2 Knoblauchzehe und 2 cm Ingwerwurzel, mit etwas Salz in einem Mörser zerdrücken
1/2 Bund Petersilie, Blätter waschen und hacken
1 Teelöffel getrockneter Thymian
Salz
Pfeffer
ca. 1/2 Tasse Wasser
Öl

So wird es gemacht:

☺ Öl in einem Topf erhitzen ➟ Zwiebeln und Knoblauchpaste dazugeben und glasig dünsten ➟ Tomaten, Thymian und Petersilie untermengen und 2 bis 3 Minuten dünsten ➟ Cho Cho-Scheiben und Wasser dazugeben, salzen und pfeffern und bei schwacher Hitze ca. 20 Minuten köcheln lassen. Eventuell Wasser dazugeben ➟ heiß servieren.

****

Geschmorte Brotfrucht

Zutaten:

1 Brotfrucht, schälen, der Länge nach halbieren, den mittleren Teil entfernen, in Streifen schneiden und würfeln
150 g gesalzenes Fleisch
1 Zwiebel, hacken
1/2 grüne Chilischote, fein hacken
250 g Tomaten, quer halbieren, Samen entfernen und hacken
3 Esslöffel gehackte Petersilie
1 Teelöffel getrockneter Thymian
1 Knoblauchzehe und 3 cm Ingwerwurzel, mit etwas Salz zerdrücken
Salz
Pfeffer
1 Tasse Wasser
Öl

So wird es gemacht:

☺ Gesalzenes Fleisch ca. 10 Minuten kochen ➠ in ein Sieb geben und abtropfen lassen, dann zerkleinern.
☺ Öl in einem Topf erhitzen ➠ Zwiebeln, Chili und Knoblauchpaste dazugeben und dünsten ➠ Fleisch, Tomaten, Petersilie und Thymian dazugeben und bei starker Hitze 2 bis 3 Minuten kochen ➠ Brotfrucht in die Soße geben ➠ bei schwacher Hitze 20 Minuten garen. Evtl Wasser dazugeben.

****

Gefüllte Brotfrucht

Zutaten:

1 Brotfrucht
250 g Hackfleisch
4 bis 5 Tomaten, Haut anritzen, mit kochendem Wasser überbrühen, Haut abziehen, quer halbieren, Samen entfernen und hacken
1 bis 2 Zwiebeln, hacken
1/4 Chilischote, hacken
1/2 Knoblauchzehe, zerkleinern
2 cm Ingwerwurzel, schälen und zerkleinern
2 Esslöffel gehackte Petersilie
1 Teelöffel Thymian
1 Teelöffel Kurkuma
Salz
Pfeffer oder Pfefferkörner
1/4 Tasse Wasser
Öl, zum Braten

So wird es gemacht:

☺ Knoblauch, Ingwerwurzel und Chili mit etwas Salz in einem Mörser zerdrücken.

☺ Brotfrucht schälen ➞ gar kochen ➞ abkühlen lassen, dann halbieren ➞ den mittleren Teil entfernen ➞ das meiste Fruchtfleisch abschaben und beiseite stellen.

☺ Öl in einem Topf erhitzen ➞ Zwiebeln und Knoblauchpaste dazugeben und dünsten ➞ Hackfleisch dazugeben und braten, bis es Farbe annimmt ➞ Tomaten, Petersilie, Thymian, Kurkuma und Pfefferkörner untermengen ➞ 2 bis 3 Minuten dünsten, dann das Brotfruchtfleisch dazugeben und einige Minuten köcheln lassen ➞ salzen und vom Herd nehmen.

☺ Die Innenseiten der beiden Brotfruchthälften mit Butter einreiben ➞ in eine Auflaufform geben ➞ mit Hackfleischsoße füllen ➞ Wasser darüber geben und im vorgeheizten Backofen (ca.170°C) 25 Minuten garen.

Brotfrucht mit Butter

Zutaten:

1 Brotfrucht, schälen
Pfeffer aus der Mühle
Butter

So wird es gemacht:

☺ Brotfrucht in reichlich Salzwasser gar kochen ➟ in ein Sieb geben und abtropfen lassen ➟ halbieren und den mittleren Teil entfernen, dann in Stücke schneiden ➟ Butter darüber geben ➟ mit Pfeffer bestreuen und servieren.

✻✻✻✻✻✻✻✻✻✻✻

Brotfrucht-Curry

Zutaten:

1 Brotfrucht (ca. 1 kg), halbieren und den mittleren Teil entfernen, Wasser mit etwas Essig vermengen, Brotfrucht in das Wasser geben, ca. 30 Minuten stehen lassen, Wasser abgießen, Brotfrucht schälen und in Scheiben schneiden
100 g gesalzenes Fleisch
1 Zwiebel, hacken
3 Tomaten, Samen entfernen und hacken
1 grüne Chilischote, Stielansatz abschneiden, der Länge nach halbieren, Samen entfernen und fein hacken
1 Knoblauchzehe, zerkleinern
3 cm Ingwerwurzel, schälen und zerkleinern
1 Bund Petersilie, Blätter waschen und hacken
1 Teelöffel getrockneter Thymian
1 bis 2 Teelöffel Kurkuma
1 Teelöffel Garam Masala
3 bis 4 Lorbeerblätter
1/2 Tasse Wasser
Salz und Pfeffer
Öl

So wird es gemacht:

☺ Knoblauch und Ingwerwurzel mit etwas Salz in einem Mörser zerdrücken.

☺ Gesalzenes Fleisch gar kochen ➟ in ein Sieb geben und abtropfen lassen ➟ zerkleinern und beiseite stellen.

☺ Öl in einem Topf erhitzen ➟ Zwiebeln dazugeben und glasig dünsten ➟ Knoblauchpaste, Gara Masala und Kurkuma dazugeben, ca. 1 Minute dünsten, dann die Tomaten untermengen und einige Minuten bei starker Hitze kochen ➟ Temperatur reduzieren ➟ Chili, Petersilie, Thymian und Lorbeerblätter untermengen ➟ salzen und pfeffern ➟ Brotfruchtscheiben und Wasser dazugeben ➟ gut umrühren ➟ köcheln lassen, bis das Gemüse gar ist. Eventuell Wasser dazugeben ➟ Fleischstücke untermengen und 3 bis 4 Minuten weiter kochen ➟ heiß mit Reis servieren.

****

Brotfruchtklöße

Zutaten:

1 Brotfrucht
250 g Hüttenkäse, reiben
2 bis 3 Scheiben Brot, in Wasser tauchen und dann auspressen
1/2 Chilischote, fein hacken
1 Teelöffel Koriander
3 bis 4 Esslöffel Mehl
Salz
Butter oder Butterfett (Ghee)
Öl

So wird es gemacht:

☺ Mehl mit Wasser zu einem weichen Teig vermengen.

☺ Brotfrucht schälen ➟ in reichlich Salzwasser gar kochen ➟ halbieren ➟ den mittleren Teil entfernen ➟ das Fruchtfleisch

pürieren ➟ Brot, Käse, Chili, Koriander und Salz dazugeben und zu einem Teig verkneten ➟ den Teig zu kleinen Klößen formen.
☺ Öl oder Butter in einer Pfanne erhitzen ➟ Brotfruchtklöße in Mehlteig tauchen ➟ in die Pfanne geben ➟ goldbraun braten ➟ heiß mit Soße oder Chutney servieren.

****

Vegetarische Frikadellen

Zutaten:

3 Kartoffeln, schälen, waschen und zerkleinern
1 Blumenkohl, zerlegen und waschen
einige Kohlblätter, waschen und zerkleinern
2 bis 3 Tomaten, Haut anritzen, mit kochendem Wasser überbrühen, Haut abziehen, halbieren, Samen entfernen und hacken
1 Tasse Kichererbsenmehl (Besan)
1 Teelöffel Kurkuma
je 1/2 Teelöffel Anis und Koriander
Salz und Pfeffer
Öl, zum Braten

Zutaten für die Soße:

1 kg Tomaten, enthäuten, Samen entfernen und pürieren
1 Chilischote, Stielansatz entfernen, der Länge nach halbieren, Samen entfernen und fein hacken
2 cm Ingwerwurzel, schälen und fein hacken
je 1 Teelöffel getrockneter Koriander, Majoran und Anissamen
Salz
Öl und Butter

So wird es gemacht:

☺ Gemüse gar kochen ➟ in ein Sieb geben und abtropfen lassen, dann mit beiden Händen pressen, damit die Flüssigkeit aus dem Gemüse austropfen kann ➟ in eine Schüssel geben ➟ alle anderen Zutaten dazugeben und zu einem Teig verkneten, dann zu kleinen Bällchen formen ➟ Öl in einer Pfanne erhitzen und die Bällchen goldbraun braten ➟ aus dem Öl nehmen ➟ abtropfen lassen und warm halten.

☺ Die Anissamen in einem Topf rösten ➟ Butter, die Hälfte der Tomaten und Chili dazugeben und 3 bis 4 Minuten köcheln lassen ➟ die restlichen Tomaten und Zutaten untermengen ➟ 20 bis 25 Minuten köcheln lassen. Evtl. etwas Wasser dazugeben ➟ die gebratenen Gemüsebällchen in die Soße geben und weitere 4 Minuten köcheln lassen ➟ heiß mit Reis servieren.

****

Blumenkohlbällchen

Zutaten:

1 kleiner Blumenkohl, zerlegen, waschen, abtropfen lassen, in kleine Stücke schneiden, mit Kurkuma vermengen und beiseite stellen
2 Tassen Kichererbsenmehl (Besan)
1 Päckchen Backpulver
2 Esslöffel gehackte Petersilie
1 Teelöffel getrockneter Thymian
1 Teelöffel Kurkuma
Salz
Pfeffer
Chilipulver
ca. 1 Tasse Wasser
Öl, zum Braten

So wird es gemacht:

☺ Mehl in eine Schüssel geben ➟ Backpulver, Petersilie, Thymian und Salz dazugeben und gut vermengen ➟ Wasser darüber geben und zu einem Teig verkneten ➟ Schüssel zudecken und 2 Stunden stehen lassen.

☺ Den zerkleinerten Blumenkohl in den Teig geben und gut verkneten, dann zu kleinen Fladen verarbeiten ➟ Öl in einer Pfanne erhitzen ➟ Blumenkohlfladen dazugeben und goldbraun braten ➟ heiß mit Soße servieren.

****

Yam- oder Cassavabällchen

Zutaten:

1 kg Cassava oder Yam
1 Zwiebel, hacken
1/2 Knoblauchzehe und 2 cm Ingwerwurzel, mit etwas Salz zerdrücken
2 Esslöffel gehackte Petersilie
1 Teelöffel getrockneter Thymian
2 Eier, aufschlagen und verrühren
1/4 Liter Milch
Salz und Pfeffer
75 g Butter
Öl, zum Braten

So wird es gemacht:

☺ Yam oder Cassava gar kochen ➟ schälen und pürieren (Man muss den mittleren Teil der Cassava nach dem Kochen entfernen) ➟ alle anderen Zutaten dazugeben und gut verkneten, dann zu kleinen Bällchen formen ➟ Öl in einer Pfanne erhitzen und die Bällchen goldbraun braten ➟ aus der Pfanne nehmen ➟ abtropfen lassen und heiß servieren.

Okra mit Safran

Zutaten:

500 g kleine Okraschoten, Stielansätze kegelförmig abschneiden, waschen und abtropfen lassen
1 Zwiebel, hacken
1 Knoblauchzehe, mit Salz zerdrücken
1 Teelöffel Kurkuma
2 Safranfäden, in 1 Esslöffel warmem Wasser auflösen
Salz
Pfeffer
Chilipulver
Öl, zum Braten

So wird es gemacht:

☺ Okra in eine Schüssel geben ➡ Knoblauchpaste, Kurkuma, Safranwasser, Salz, Pfeffer und Chilipulver darüber geben und gut vermengen.
☺ Öl in einem Topf erhitzen ➡ Zwiebeln dazugeben und glasig dünsten ➡ Okramischung untermengen und gar dünsten ➡ heiß mit Reis und Chutney servieren.

****

Fischgerichte

Gebackener Fisch

Zutaten:

1 Fisch (ca. 1 kg), säubern und waschen
1 Bund Petersilie, Blätter waschen und hacken
1 Knoblauchzehe, mit Salz zerdrücken
1 Teelöffel getrockneter Thymian
Salz, Pfeffer, geriebener Muskat, Chilipulver und Nelken
Butter oder Margarine

So wird es gemacht:

☺ Gewürze, Petersilie, Knoblauchpaste, etwas Butter und Thymian miteinander vermengen und den Fisch damit füllen, dann in eine Alufolie legen und gut umhüllen ➟ in den vorgeheizten Backofen (180°C) schieben und 15 bis 20 Minuten garen ➟ heiß mit Soße servieren.

✼✼✼✼✼✼✼✼✼✼✼

Gebackene Fischfilets

Zutaten:

1 bis 1,5 kg Fischfilets, waschen und abtropfen lassen
2 Zitronen, in dünne Scheiben schneiden und die Kerne entfernen
ca. 300 g Zwiebeln, schälen, in dicke Ringe schneiden, dann einige Sekunden in kochendes Wasser geben, Wasser abgießen und abtropfen lassen
1 bis 2 Esslöffel gehackte Petersilie
Salz und Pfeffer
Butter (ca. 125 g)

So wird es gemacht:

☺ Eine Auflaufform mit Butter einfetten und die Fischfilets darin verteilen ➟ Zitronenscheiben und Zwiebelringe darauf geben ➟ die restliche Butter darauf verteilen ➟ Auflaufform mit Alufolie bedecken und in den vorgeheizten Backofen (180°C) schieben ➟ 1 Stunde backen, dann die Alufolie entfernen und weitere 10 Minuten backen, damit die Filets knusprig werden ➟ heiß servieren.

✻✻✻✻✻✻✻✻✻✻

Gegrillter Fisch

Zutaten:

1 kg frische Fische mit festem Fleisch, säubern, waschen und abtropfen lassen
5 Tomaten
Saft von 2 Zitronen
1 Esslöffel gehackte Pfefferminzblätter
1 Teelöffel Thymian
1 Esslöffel gehackte Petersilie
1 Teelöffel getrockneter Koriander
1/2 grüne Chilischote, fein hacken
Salz und Pfeffer
Olivenöl

So wird es gemacht:

☺ Den Fisch in eine Schüssel geben und tiefe Schnitte in das Fleisch schneiden ➟ Zitronensaft darüber geben und ca. 1 Stunde ziehen lassen. Zwischendurch wenden.

☺ Grill mit Holzkohle vorheizen.

☺ Aus 2 bis 3 Esslöffeln Öl, Salz, Pfeffer, Pfefferminze, Petersilie, Thymian, Koriander und Chili eine Marinade herstellen und den Fisch damit einreiben ➟ die restliche Marinade in den Fisch füllen ➟ Fisch auf den Grillrost legen, er darf nicht so nah am Feuer sein, sonst trocknet der Fisch schnell aus ➠ von beiden Seiten grillen. In der gleichen Zeit Tomaten auf einen Spieß stecken und grillen ➠ das Fleisch auf einen Servierteller legen ➠ die gegrillten Tomaten halbieren und um den Fisch herum verteilen und heiß servieren.

✻✻✻✻✻✻✻✻✻✻✻

Gegrillter Rotbarsch

Zutaten:

2 Rotbarsche (ca. 2 kg), säubern, waschen und abtrocknen
1 Zwiebel, hacken
1 Tomate, halbieren, Samen entfernen und hacken
1 Bund Petersilie, Blätter waschen und hacken
1 Teelöffel getrockneter Thymian oder 1 Esslöffel gehackter Thymian
Saft einer Zitrone
1 bis 2 Knoblauchzehen, mit etwas Salz zerdrücken
Olivenöl und Butter
Salz und Pfeffer
1 Zitrone, in Scheiben schneiden
1 Tomate, in Scheiben schneiden
1/2 Bund Petersilie, Blätter waschen und auspressen

So wird es gemacht:

☺ Einen Esslöffel Olivenöl, Zwiebeln, Knoblauchpaste, Tomaten, Petersilie, Thymian und etwas Zitronensaft miteinander vermengen ➠ die Fische damit füllen ➠ die Fische von außen mit Butter einreiben, salzen und pfeffern und auf Alufolie legen ➠ den restlichen Zitronensaft darüber geben und die Fische in Alufolie hüllen ➠ auf den Grillrost legen und jede Seite ca. 15 Minuten grillen ➠ Alufolie aufmachen und die Fische in Stücke schneiden ➠ auf einen Servierteller legen ➠ mit Zitronenscheiben, Tomatenscheiben und Petersilie garnieren und heiß servieren.

✻✻✻✻✻✻✻✻✻✻✻

Fischfilets in Soße

Zutaten:

1,5 bis 2 kg Fischfilets, waschen und abtropfen lassen
100 g Schalotten, in feine Ringe schneiden
500 g Tomaten, Samen entfernen und hacken
4 Zwiebeln, in Streifen schneiden
1 Bund Lauchzwiebeln, in feine Ringe schneiden
1/2 Knoblauchzehe und 3 cm Ingwerwurzel, mit Salz zerdrücken
2 milde Peperoni, Stielansätze abschneiden, der Länge nach halbieren, Samen entfernen und in Streifen schneiden, dann halbieren
1 Bund Petersilie, Blätter waschen und hacken
1 Teelöffel Thymian
2 Zitronen, auspressen
1/2 Teelöffel Pfefferkörner
Salz und Pfeffer
Öl

So wird es gemacht:

☺ Fischfilets mit Salz und Pfeffer bestreuen ➟ Zitronensaft darüber geben ➟ ca. 1 Stunde stehen lassen. Zwischendurch wenden ➟ Öl in einer Pfanne erhitzen ➟ Fischfilets dazugeben und gar braten ➟ aus der Pfanne nehmen und beiseite stellen.

☺ Das überschüssige Öl aus der Pfanne abgießen ➟ Zwiebeln und Lauchzwiebeln dazugeben und goldbraun dünsten ➟ Tomaten, Petersilie, Thymian, Schalotten, Peperoni, Pfefferkörner und Knoblauchpaste untermengen ➟ gut vermengen ➟ ca. 10 Minuten köcheln lassen, bis die Soße dicker wird ➟ salzen und pfeffern ➟ Fischfilets vorsichtig in die Soße geben und einige Minuten köcheln lassen ➟ heiß servieren.

✲✲✲✲✲✲✲✲✲✲

Safranfisch

Zutaten:

1,5-2 kg Thunfisch (oder Fischsorte aus der Familie der Thunfische), Köpfe, Flossen und Schwänze abschneiden
5-6 Tomaten, Samen entfernen und hacken
2 Zwiebeln, in Streifen schneiden
1 Chilischote, Samen entfernen und hacken
4-5 Safranfäden, in 2 Esslöffel warmem Wasser auflösen
1/2 Knoblauchzehe und 2 cm Ingwerwurzel, mit Salz zerdrücken
Salz und Pfeffer
Öl

So wird es gemacht:

☺ Fische in Stücke schneiden und in eine Schüssel geben ➟ Safranwasser, Salz und Pfeffer darüber geben und gut vermengen ➟ Öl in einer Pfanne erhitzen und die Fischstücke gar braten ➟ aus der Pfanne nehmen und warm halten.

☺ Öl in einer Pfanne erhitzen ➟ Zwiebeln und Kurkuma dazugeben und glasig dünsten ➟ Knoblauchpaste und Chili untermengen und kurz dünsten ➟ Tomaten dazugeben und einige Minuten dünsten ➟ die fertig gebratenen Fischstücke dazugeben und bei schwacher Hitze 4 bis 5 Minuten in der Soße köcheln lassen ➟ heiß servieren.

✽✽✽✽✽✽✽✽✽✽✽

Fisch mit Limetten

Zutaten:

1,5 bis 2 kg Fisch (Sorte nach Belieben), säubern, in 3 bis 4 große Stücke schneiden, waschen und abtropfen lassen
5 bis 6 Limetten (kleine grüne Zitronenart), schälen, halbieren, pressen (Saft aufbewahren) und klein schneiden
Salz und Pfeffer
1 Esslöffel Maizana oder Maismehl

Öl, zum Braten

So wird es gemacht:

☺ Öl in einer Pfanne erhitzen ➟ Fischstücke salzen, pfeffern und goldbraun braten ➟ aus der Pfanne nehmen ➟ abtropfen lassen ➟ auf einen Servierteller geben und warm halten ➟ in dieselbe Pfanne die zerkleinerten Limetten und Limettensaft geben, Maizana mit etwas Wasser dazugeben und zum Kochen bringen ➟ die Soße über die Fischstücke geben und heiß servieren.

✻✻✻✻✻✻✻✻✻✻

Bouillabaisse (Fischsuppe)

Zutaten:

2 kg Rotbarsch, in große Stücke schneiden, waschen und abtropfen lassen (Köpfe aufbewahren)
150 g geschälte Krabben
5 Tomaten, in Scheiben schneiden
1 Zwiebel, in Streifen schneiden
2 Zwiebeln, fein hacken
3 lange grüne Peperonischoten, Stielansätze entfernen, der Länge nach halbieren, Samen entfernen, in Streifen schneiden und fein hacken
2 Knoblauchzehen, mit Salz zerdrücken
3 bis 4 cm Ingwerwurzel, schälen und hacken
1/2 Zitrone, schälen und in feine Streifen schneiden
2 Bund Petersilie, Blätter waschen und hacken
2 Teelöffel getrockneter Thymian
einige Safranfäden, zerkleinern
1/2 Teelöffel Kurkuma
2 Tassen Weißwein
4 Tassen Wasser
je 1/2 Teelöffel Majoran, Basilikum und Oregano
Salz
Pfeffer
Chilipulver
Öl

So wird es gemacht:

☺ Wasser in einen Topf geben ➡ Fischköpfe, Zwiebelstreifen, 1 Teelöffel Thymian und 1 Esslöffel Petersilie dazugeben und kochen lassen, bis ca. 1 1/2 Tassen Sud verdampft sind ➡ salzen und pfeffern ➡ Sud durch ein Sieb geben ➡ Krabben in den Sud geben ➡ einige Minuten kochen ➡ vom Herd nehmen und beiseite stellen.
☺ Fischstücke mit Salz, Pfeffer und Chilipulver einreiben ➡ in eine Schüssel geben ➡ alle anderen Zutaten (außer Safran, Tomaten, Zitronenstreifen, Öl und Wein) miteinander vermengen und die Fischstücke gut damit einreiben ➡ einige Minuten ziehen lassen.
☺ Öl in einer großen Pfanne erhitzen ➡ Fischstücke dazugeben und bei mittlerer Hitze braten ➡ salzen und pfeffern ➡ aus der Pfanne nehmen und beiseite stellen ➡ 2 Tassen Wein in die Pfanne geben und zum Kochen bringen ➡ Tomaten und Zitronenscheiben dazugeben und 6 bis 7 Minuten garen. Inzwischen Fischsud zum Kochen bringen ➡ Pfanneninhalt zum Sud geben ➡ kochen lassen, bis ein Teil der Flüssigkeit verdampft ist ➡ die Fischstücke dazugeben und 5 Minuten köcheln lassen ➡ Safran darüber geben ➡ kurz umrühren ➡ in eine Kasserolle geben und heiß servieren.

Serviervorschlag:

Weißbrot toasten, mit Butter bestreichen und in die Suppenteller legen, dann die Suppe darüber geben.

✱✱✱✱✱✱✱✱✱✱✱

Geschmorter Fisch

Zutaten:

1 bis 1,5 kg kleine Fische, säubern, waschen, abtropfen lassen, in eine Schüssel geben, mit Salz, Pfeffer und Chilipulver bestreuen
2 Zwiebeln, in feine Streifen schneiden
2 Lauchzwiebeln, in dünne Ringe schneiden
5 bis 6 Tomaten, der Länge nach halbieren, Samen entfernen und hacken
1 Esslöffel Tomatenmark, mit etwas Wasser verdünnen
1 Bund Petersilie, Blätter waschen und hacken
je 1 Teelöffel getrockneter Thymian und Oregano
einige Karotten, schaben, der Länge nach halbieren und in Streifen schneiden, danach die Streifen zerkleinern
1 Stange Porree, in feine Ringe schneiden
Salz, Pfeffer und Chilipulver
1 Tasse Wasser
Öl

So wird es gemacht:

☺ Öl in einer großen Pfanne erhitzen ➟ Fisch dazugeben und goldbraun braten ➟ aus der Pfanne nehmen und warm halten.

☺ In derselben Pfanne Zwiebeln dünsten, bis sie Farbe annehmen ➟ Tomaten und Tomatenmark dazugeben ➟ gut vermengen und 4 Minuten kochen ➟ 1 Tasse Wasser, Karotten, Lauchzwiebeln, Porree, Petersilie, Oregano und Thymian dazugeben ➟ umrühren und köcheln lassen, bis das Gemüse gar ist und die Soße dicker wird. Falls die Soße sehr dick wird, etwas Wasser dazugeben ➟ die gebratenen Fische in die Soße geben und bei schwacher Hitze 4 bis 5 Minuten köcheln lassen ➟ die Fische vorsichtig aus der Soße nehmen ➟ auf einen Servierteller geben und danach die Soße darüber gießen ➟ mit Petersilie garnieren und servieren.

✽✽✽✽✽✽✽✽✽✽

Schmorfisch

Zutaten:

2 kg Thunfischfilets oder andere Sorten aus der Familie der Thunfische, zerkleinern, waschen und abtropfen lassen
4 Tomaten, hacken
250 g Zwiebeln, in dünne Streifen schneiden
3 lange milde Peperonie, Stielansätze entfernen, der Länge nach halbieren, Samen entfernen und zerkleinern
einige kleine Karotten, schaben und in feine Streifen schneiden
1 Knoblauchzehe und 3 cm Ingwerwurzel, mit Salz zerdrücken
2 Esslöffel gehackte Petersilie
je 1 Teelöffel Thymian, Oregano und Majoran
2 Teelöffel grüne Pfefferkörner
Salz
Pfeffer
1½ Tassen Wasser
1/2 Tasse Weißwein
Öl und Butter

So wird es gemacht:

☺ Öl in einer Pfanne erhitzen ➡ Zwiebeln dazugeben und glasig dünsten ➡ Tomaten, Knoblauchpaste, Thymian, Majoran, Oregano und Petersilie dazugeben ➡ umrühren. Evtl. etwas Wasser darüber geben ➡ kurz zum Kochen bringen, dann bei schwacher Hitze köcheln lassen, bis die Soße dicker wird ➡ Fischfilets in die Soße geben ➡ Karotten, Peperonie und das restliche Wasser dazugeben ➡ Pfanne zudecken und bei schwacher Hitze 25 Minuten garen ➡ Pfefferkörner und Wein darüber geben ➡ vorsichtig umrühren und 10 bis 15 Minuten köcheln lassen ➡ Fischfilets vorsichtig aus der Soße nehmen und auf einem Servierteller verteilen ➡ Soße darüber gießen und heiß servieren.

✻✻✻✻✻✻✻✻✻✻✻✻

Fischfrikadellen

Zutaten:

500 g Fischfilets, zerkleinern, waschen und abtropfen lassen
1 Zwiebel, hacken
2 Bund Petersilie, Blätter waschen und hacken
2 Teelöffel getrockneter Thymian
1 Knoblauchzehe, mit Salz zerdrücken
1 Ei, aufschlagen, in eine Schale geben und verrühren
ca. 1/2 Tasse Paniermehl
Salz und Pfeffer
Chilipulver (Menge nach Geschmack)
Öl oder Butter

So wird es gemacht:

☺ Fischfilets, Zwiebeln, Knoblauch, Petersilie, Thymian, Salz, Pfeffer und Chilipulver in eine Schüssel geben und gut vermengen ➡ durch den Fleischwolf drehen ➡ Ei und Paniermehl (ca. 1/4 Tasse) dazugeben und gut verkneten ➡ Fleischteig zu kleinen Kugeln formen, dann flachdrücken.
☺ Paniermehl auf einem Teller verteilen ➡ Öl oder Butter in einer Pfanne erhitzen ➡ Fischfladen in Paniermehl wenden und knusprig braten ➡ heiß servieren.

✽✽✽✽✽✽✽✽✽✽

Kreolische Flunder

Zutaten:

6 Flunderfilets, waschen, abtropfen lassen, salzen und pfeffern
1 Ei
1 Tasse Milch
Paniermehl, auf einem Teller verteilen
Öl oder Butter

So wird es gemacht:

☺ Milch in eine große Schüssel geben ➟ Ei aufschlagen und dazugeben ➟ gut vermengen ➟ Fischfilets in die Flüssigkeit geben und wenden ➟ ca. 10 Minuten ziehen lassen. Zwischendurch wenden ➟ Öl oder Butter in einer Pfanne erhitzen ➟ Fischfilets aus der Pfanne nehmen, kurz abtropfen lassen, in Paniermehl wenden und knusprig braten ➟ heiß mit Tomatensoße servieren.

✻✻✻✻✻✻✻✻✻✻✻

Fisch, süß-sauer

Zutaten:

1 Fisch (über 1 kg), säubern, waschen und abtropfen lassen
200 g Ingwerwurzel, schälen und in feine Scheiben schneiden
200 g frische Bohnenkeime
25 g Fadennudeln (Vermicelles)
2 lange milde Peperonie, Stielansätze abschneiden, der Länge nach halbieren, Samen entfernen und zerkleinern
1 rote Paprikaschote, Stielansatz und Samen entfernen, in Streifen schneiden und zerkleinern
1 Knoblauchzehe, mit Salz zerdrücken
1 Esslöffel Mehlstärke (Maizena)
1/2 Tasse Wasser
1/4 Tasse Weißwein
2 Esslöffel Zucker
Salz
Öl

So wird es gemacht:

☺ Wasser, Wein, Essig, Knoblauchpaste, Salz, Zucker und Mehlstärke in eine Schale geben und gut verrühren.
☺ Öl in einer Pfanne erhitzen und den Fisch knusprig braten ➟ aus der Pfanne nehmen und auf einen ovalen Servierteller

geben ➟ warm halten ➟ danach die Fadennudeln braten, bis sie eine goldene Farbe annehmen ➟ aus der Pfanne nehmen und warm halten.

☺ Das überschüssige Öl aus der Pfanne entfernen ➟ Ingwerwurzel, Peperonie, Paprikaschote und Bohnenkeime dazugeben und kurz dünsten ➟ Flüssigkeitsgemisch darüber geben ➟ umrühren ➟ köcheln lassen, bis die Soße dicker wird ➟ abschmecken und über den Fisch geben, dann die Fadennudeln darüber verteilen und servieren.

✻✻✻✻✻✻✻✻✻✻

Rotbarschfilets in Krabbensoße

Zutaten:

4 Rotbarschfilets, halbieren und waschen
250 g geschälte Krabben, in einen Mörser geben und zerdrücken
500 g Tomaten, der Länge nach halbieren, Samen entfernen und hacken
1 Zwiebel, hacken
1/2 Knoblauchzehe und 3 cm Ingwerwurzel, mit etwas Salz zerdrücken
1 Bund Petersilie, Blätter waschen und hacken
1 Teelöffel getrockneter Thymian
1/2 Tasse Weißwein
Salz und Pfeffer
Öl

So wird es gemacht:

☺ Öl in einer Pfanne erhitzen ➟ Fischfilets dazugeben und halb gar braten ➟ aus der Pfanne nehmen und beiseite stellen ➟ in derselben Pfanne die Krabbenpaste kurz anbraten und beiseite stellen.

☺ Öl in einem Topf erhitzen ➟ Zwiebeln dazugeben und glasig dünsten ➟ Tomaten untermengen und ca. 5 Minuten köcheln lassen ➟ Wein, Knoplauchpaste, Petersilie, Thymian, Salz und Pfeffer dazugeben ➟ umrühren ➟ köcheln lassen, bis die Soße dicker wird ➡ Krabbenpaste dazugeben und gut vermengen ➡ 4 bis 5 Minuten garen. Evtl. etwas Wasser darüber geben ➡ Fischstücke in die Soße geben, ca. 10 Minuten garen und heiß servieren.

✻✻✻✻✻✻✻✻✻✻✻

Yampüree mit Fisch

Zutaten:

500 g Yam, schälen, zerkleinern, waschen und abtropfen lassen
150 g getrockneter Fisch, 1 Stunde in kaltem Wasser stehen lassen, Wasser abgießen und die Fische zerkleinern
1 Zwiebel, fein hacken
1/2 Tasse Milch
2 Eier, aufschlagen, in eine Schale geben und verrühren
1 Knoblauchzehe und 3 cm Ingwerwurzel, mit etwas Salz zerdrücken
1 Teelöffel Thymian
Paniermehl
Salz und Pfeffer
Öl und Butter

So wird es gemacht:

☺ Yam und Fisch in einen Topf geben ➡ mit Wasser bedecken und gar kochen ➡ in ein Sieb geben und abtropfen lassen ➡ pürieren und beiseite stellen.
☺ Öl in einer Pfanne oder einem Topf erhitzen ➡ Zwiebeln dazugeben und glasig dünsten ➡ Knoblauchpaste und Thymian untermengen und kurz dünsten ➡ Yam-Fischpüree dazugeben ➡ gut vermengen ➡ salzen und pfeffern, vom Herd nehmen und die Eier dazugeben und gut vermengen ➡ eine Auflaufform mit Butter einfetten ➡ Yam-Fischpüree-Gemisch in der Auflaufform verteilen ➡ Oberfläche glätten ➡ mit Paniermehl bestreuen, in den vorgeheizten Backofen (170-180°C) schieben und ca. 15 Minuten backen.

✻✻✻✻✻✻✻✻✻✻✻

Cho Cho mit gesalzenem Fisch

Zutaten:

500 g Cho Cho, schälen und zerkleinern
150-200 g gesalzener Fisch, 1 Stunde in kaltes Wasser legen, Wasser abgießen und die Fische zerkleinern
1 Knoblauchzehe und 3 cm Ingwerwurzel, mit etwas Salz zerdrücken
Saft einer Zitrone
Öl

So wird es gemacht:

☺ Öl in einer Pfanne erhitzen ➟ Fischstücke dazugeben und ca. 5 Minuten braten ➟ aus der Pfanne nehmen und warm halten ➟ Zwiebeln dünsten, bis sie Farbe annehmen ➟ Knoblauchpaste und Peperonie untermengen und kurz dünsten ➟ Cho Cho-Stücke dazugeben, gut vermengen und braten ➟ mit Zitronensaft abschmecken ➟ heiß mit Reis servieren.

✻✻✻✻✻✻✻✻✻✻✻

Fisch-Curry

Zutaten:

1 kg Fischfilets, in Stücke schneiden, waschen und abtropfen lassen
Öl zum Braten
1 Zwiebel, fein hacken
3 bis 4 Tomaten, hacken
1 Esslöffel Tomatenmark, in 1/2 Tasse Wasser auflösen
1 Knoblauchzehe und 3 cm Ingwerwurzel, mit Salz zerdrücken
1 Esslöffel getrockneter Koriander
1 Teelöffel Kurkuma
Salz und Pfeffer
Chilipulver
Kümmelsamen
Nelkenpulver
Öl oder Butter

So wird es gemacht:

☺ Öl in einer Pfanne erhitzen ➡ Fischstücke dazugeben und braun braten ➡ aus der Pfanne nehmen und beiseite stellen.
☺ Butter oder Öl in einem Topf erhitzen ➡ Zwiebeln dazugeben und glasig dünsten ➡ Knoblauchpaste und Koriander untermengen und kurz dünsten ➡ Tomaten und Gewürze dazugeben und ca. 5 Minuten köcheln lassen ➡ aufgelöstes Tomatenmark darüber geben ➡ umrühren. Falls die Currysoße sehr dick ist, etwas Wasser dazugeben ➡ 10 Minuten köcheln lassen ➡ Fischstücke in die Soße geben und ca. 10 Minuten köcheln lassen. Evtl. etwas Wasser dazugeben ➡ abschmecken ➡ heiß mit Reis und Chutney servieren.

✽✽✽✽✽✽✽✽✽✽✽

Auberginen-Curry mit Krabben

Zutaten:

1 kg Auberginen, schälen, würfeln, mit Salz bestreuen, ca. 30 Minuten stehen lassen, abspülen, in ein Sieb geben und abtropfen lassen (damit die bitteren Säfte austropfen können)
250 g geschälte Krabben
2 Zwiebeln, hacken
4 Tomaten, hacken
1 Esslöffel Tomatenmark, in 1/2 Tasse Wasser auflösen
1 Bund Petersilie, Blätter waschen und hacken
je 1 Teelöffel Thymian und Koriander
1 bis 2 Knoblauchzehen und 3 bis 4 cm Ingwerwurzel, mit etwas Salz zerdrücken
Salz
Pfeffer
Chilipulver, Kurkuma, Kümmelpulver, Nelkenpulver und Zimt (Menge nach Belieben)
Butter, Butterfett oder Öl

So wird es gemacht:

☺ Butter, Butterfett oder Öl in einem Topf erhitzen ➟ Auberginen dazugeben und goldbraun braten ➟ aus dem Topf nehmen und warm halten ➟ die Krabben braten ➟ aus dem Topf nehmen und beiseite stellen.

☺ In demselben Topf die Zwiebeln glasig dünsten ➟ Knoblauchpaste, Koriander, Petersilie und Kurkuma untermengen und kurz dünsten ➟ Tomaten dazugeben und einige Minuten dünsten ➟ das aufgelöste Tomatenmark und eine 1/2 Tasse Wasser darüber geben ➟ gut vermengen ➟ Chilipulver, Zimt, Nelkenpulver und Kümmelpulver dazugeben ➟ umrühren, mit Salz und Pfeffer abschmecken ➟ ca. 10 Minuten köcheln lassen, bis die Auberginen gar sind und die Soße dicker wird ➟ Krabben vorsichtig unterheben und einige Minuten erhitzen ➟ heiß mit Reis servieren.

✽✽✽✽✽✽✽✽✽✽✽

Auberginen-Curry mit getrockneten Krabben

Zutaten:

250 g getrocknete Krabben (diese Sorte wird aus Indien importiert)
Die restlichen Zutaten wie im vorherigen Rezept „Auberginen-Curry mit Krabben“ (keine normalen Krabben verwenden)

So wird es gemacht:

☺ Krabben in eine Schale geben ➟ Wasser mit etwas Essig vermengen und darüber geben ➟ 3 bis 4 Stunden stehen lassen ➟ in ein Sieb geben und mit kaltem Wasser abspülen ➟ abtropfen lassen, dann das Gericht wie im Rezept “Auberginen-Curry mit Krabben“ zubereiten.

✽✽✽✽✽✽✽✽✽✽✽

Austernbällchen

Zutaten:

25 Austern, unter fließendem Wasser waschen, mit Salz bestreuen, ca. 1 Stunde stehen lassen, danach waschen und abtropfen lassen
3/4 Tasse Wasser
1 Tasse Mehl, mit 1 Teelöffel Backpulver mischen
2 bis 3 Esslöffel Mehlstärke (Maizena)
2 Eier, aufschlagen, in eine Schale geben und verrühren
einige Esslöffel Wein
2 Teelföffel Sojasoße oder Siawsoße (Fischsoße)
Salz, Pfeffer, Chilipulver und Ajnomoto (chinesisches Gewürz)
Öl

So wird es gemacht:

☺ Wasser in einen Topf geben und zum Kochen bringen ➟ Austern dazugeben ➟ 2 bis 3 Minuten brodeln lassen ➟ in ein Sieb geben, abtropfen und abkühlen lassen ➟ Schalen aufbrechen, Fleisch aus die Schalen entfernen und beiseite stellen.

☺ Wein, Gewürze, Soja- oder Siawsoße und Salz miteinander vermengen ➟ Austern dazugeben und gut vermengen ➟ ca. 1 Stunde ziehen lassen.

☺ Aus Mehl, Eiern, Salz und Wasser einen Teig kneten ➟ die eingelegten Austern dazugeben und gut verkneten ➟ Austernteig zu Kugeln formen ➟ Öl in einer Pfanne erhitzen ➟ Austernkugeln dazugeben und braten.

****

Garnelen, süß-sauer

Zutaten:

12 bis 14 große Garnelen, waschen, kochen, schälen und zerkleinern

1½ Tassen Mehl mit 2 Teelöffel Backpulver vermengen
5 bis 6 Tomaten, Haut anritzen, mit kochendem Wasser überbrühen, Haut abziehen, der Länge nach halbieren, Samen entfernen und hacken
2 bis 3 Zwiebeln, hacken
2 Knoblauchzehen, fein hacken
1 Ei, aufschlagen, in eine Schale geben und verrühren
1 Cho Cho, schälen und zerkleinern
1 Stange Porree, in dünne Ringe schneiden
2 bis 3 Karotten, schaben und zerkleinern
einige Weißkohlblätter, waschen und zerkleinern
1 Tasse Essig
3/4 Tasse Zucker
Milch
1/2 Teelöffel Chilipulver
Salz und Pfeffer
Öl

So wird es gemacht:

☺ Aus Mehl, Ei, Garnelen, Milch und Wasser einen Teig herstellen und zu Kugeln formen ➟ Öl in einer Pfanne erhitzen ➟ Garnelenteig dazugeben und braten ➟ aus der Pfanne nehmen und warm halten.
☺ Zucker in Essig auflösen ➟ Salz, Pfeffer und Chilipulver dazugeben und gut vermengen.
☺ Öl in einem Topf erhitzen ➟ Zwiebeln dazugeben und glasig dünsten ➟ Knoblauch untermengen und kurz dünsten ➟ das Gemüse dazugeben und unter ständigem Rühren braten ➟ Essiggemisch darüber geben und zum Kochen bringen, dann bei schwacher Hitze köcheln lassen, bis das Gemüse gar ist und die Soße dicker wird ➟ mit Zitronensaft abschmecken und vom Herd nehmen.
☺ Garnelenkugeln auf einen Servierteller geben ➟ Soße darüber gießen ➟ heiß mit Reis servieren.

✻✻✻✻✻✻✻✻✻✻✻

Garnelen mit Safran

Zutaten:

250 g geschälte Garnelen
100 g Tomaten, der Länge nach halbieren, Samen entfernen und hacken
2 lange milde Peperoni, Stielansätze entfernen, der Länge nach halbieren, Samen entfernen und zerkleinern
1 Zwiebel, hacken
1/2 Knoblauchzehe, mit etwas Salz zerdrücken
1/2 Bund Petersilie, Blätter waschen und hacken
1 Teelöffel getrockneter Thymian
einige Safranfäden, in 1 Esslöffel warmem Wasser auflösen
1/2 Teelöffel Kurkuma
Salz, Pfeffer und Chilipulver
Öl

So wird es gemacht:

☺ Öl in einem Topf erhitzen ➟ Garnelen braten und beiseite stellen.
☺ Zwiebeln dünsten, bis sie Farbe annehmen ➟ Knoblauchpaste, Safranwasser und Kurkuma dazugeben und kurz dünsten ➟ Tomaten, Peperoni, Petersilie,Thymian, Salz, Pfeffer und Chilipulver untermengen ➟ gut vermengen und bei schwacher Hitze köcheln lassen, bis die Soße dicker wird ➟ Wasser und Garnelen dazugeben ➟ umrühren ➟ ca. 15 Minuten garen ➟ heiß mit Reis servieren.

****

Garnelen mit Tomatensoße

Zutaten:

500 g geschälte Garnelen
1 Zwiebel, in Streifen schneiden
500 g Tomaten, Haut anritzen, mit kochendem Wasser überbrühen, Haut abziehen, der Länge nach halbieren, Samen entfernen und hacken
1 Esslöffel Tomatenmark, mit etwas Wasser verdünnen
1/2 Tasse Sahne

1 Bund Petersilie, Blätter waschen und hacken
1 Teelöffel getrockneter Thymian
2 Knoblauchzehen und 4 cm Ingwerwurzel, mit etwas Salz zerdrücken
1/2 Teelöffel Chilisoße oder Tabasco
Salz und Pfeffer
Öl und Butter

So wird es gemacht:

☺ Butter in einer Pfanne erhitzen ➟ Garnelen mit Salz bestreuen und braun braten ➟ vom Herd nehmen und beiseite stellen.

☺ Öl in einem Topf erhitzen ➟ Zwiebeln dazugeben und dünsten, bis sie Farbe annehmen ➟ Knoblauch- und Ingwerpaste untermengen und kurz dünsten ➟ Tomaten, Tomatenmark, Thymian und Petersilie dazugeben und dünsten, bis die Soße dicker wird ➟ Sahne, Tabasco und Pfeffer dazugeben und 3 bis 4 Minuten köcheln lassen ➟ die Garnelen in die Soße geben und einige Minuten köcheln lassen ➟ heiß servieren.

✽✽✽✽✽✽✽✽✽✽

Gebackene Garnelen

Zutaten:

500 g geschälte Garnelen
500 g Tomaten, Haut anritzen, mit kochendem Wasser überbrühen, Haut abziehen, der Länge nach halbieren, Samen entfernen und hacken
2 Esslöffel gehackte Petersilie
Salz, Pfeffer und Chilipulver
Butter
Paniermehl

So wird es gemacht:

☺ Backofen auf 170°-180°C vorheizen.

☺ Garnelen kurz in kochendem Wasser brodeln lassen ➟ in ein Sieb geben und abtropfen lassen ➟ mit Salz, Pfeffer und Chilipulver bestreuen und beiseite stellen.

☺ 1 bis 2 Esslöffel Butter in einer Pfanne zerlassen ➟ Tomaten und Petersilie dazugeben und kurz dünsten ➟ salzen und pfeffern ➟ vom Herd nehmen.

☺ Eine Auflaufform mit Butter einfetten ➟ eine Lage Tomatensoße darin verteilen ➟ die Hälfte der Garnelen darüber verteilen, dann eine Lage Tomaten, danach die restlichen Garnelen und darauf die restliche Tomatensoße geben ➟ mit Paniermehl bestreuen ➟ einige Butterflocken darauf verteilen und im Backofen 15 bis 20 Minuten backen.

✻✻✻✻✻✻✻✻✻✻

Hummer-Curry

Zutaten:

2 Hummer (ca. 2 kg), kochen, zerlegen und das Fleisch beiseite stellen
1 Zwiebel, hacken
150-200 g Tomaten, hacken
2 Esslöffel gehackte Petersilie
1 Teelöffel getrockneter Thymian
1 bis 2 Knoblauchzehen und 3 cm Ingwerwurzel, mit etwas Salz zerdrücken
Salz, Pfeffer, Chilipulver, Currypulver, Nelkenpulver und Kurkuma
Öl

So wird es gemacht:

☺ Ein Teil der Hummerschalen in einen Mörser geben und zerdrücken, dann in einen Topf geben ➟ eine Tasse Wasser darübergeben und 10 Minuten kochen lassen ➟ durch ein feines Sieb geben und die Brühe beiseite stellen.

☺ Öl in einem Topf erhitzen ➟ Zwiebeln dazugeben und dünsten, bis sie Farbe annehmen ➟ Knoblauchpaste untermengen und kurz dünsten ➟ Tomaten, Petersilie, Thymian und Gewürze dazugeben und gut vermengen ➟ 4 bis 5 Minuten köcheln lassen, dann ca. eine 3/4 Tasse Wasser darüber geben ➟ köcheln lassen, bis die Soße dicker wird ➟ Hummerfleisch und Brühe dazugeben ➟ umrühren ➟ 5 bis 6 Minuten köcheln lassen ➟ heiß servieren.

Langusten mit Ananas

Zutaten:

2 Langusten (ca. 2 kg), kochen, zerlegen und das Fleisch beiseite stellen
1 kleine Ananas, schälen, halbieren, eine Hälfte in kleine Stücke schneiden, die andere Hälfte auspressen und den Saft aufbewahren
100 g Schalotten, schälen und fein hacken
250 g Zwiebeln, in Streifen schneiden
2 Knoblauchzehen, zerdrücken
1/2 Tasse Sahne
1 Tasse Weißwein
Öl und Butter
Zitronenscheiben

So wird es gemacht:

☺ Öl und einen Esslöffel Butter in einen Topf geben und erhitzen ➡ Langustenfleisch dazugeben und kurz braten ➡ Zwiebeln, Schalotten und Knoblauchpaste dazugeben und glasig dünsten ➡ Wein, Ananasstücke und Ananassaft darüber geben und umrühren ➡ 5 Minuten köcheln lassen ➡ auf einen Servierteller geben ➡ mit Zitronenscheiben garnieren ➡ heiß mit Reis servieren.

✻✻✻✻✻✻✻✻✻✻

Kreolische Langusten

Zutaten:

2 Langusten, kochen, zerlegen, Fleisch entfernen und beiseite stellen
1 Zwiebel, hacken
1 Knoblauchzehe, fein hacken
500 g Tomaten, Haut anritzen, mit kochendem Wasser überbrühen, Haut abziehen, der Länge nach halbieren, Samen entfernen und hacken
1 Bund Petersilie, Blätter waschen und hacken
1 Teelöffel getrockneter Thymian
Salz, Pfeffer und Chilipulver
Öl

So wird es gemacht:

☺ Öl in einem Topf erhitzen Zwiebeln dazugeben und glasig dünsten ➟ Knoblauch und Tomaten untermengen und ca. 5 Minuten dünsten ➟ Petersilie, Thymian, Chilipulver, Salz, Pfeffer und eine Tasse Wasser darüber geben ➟ umrühren ➟ köcheln lassen, bis die Hälfte der Flüssigkeit verdampft ist ➟ Langustenfleisch dazugeben und 4 bis 5 Minuten köcheln lassen ➟ heiß servieren.

✻✻✻✻✻✻✻✻✻✻✻

Calamares in Kokosnussmilch

Zutaten:

500 g Calamares, säubern, waschen und abtropfen lassen
1 Tasse Kokosnussmilch (siehe Seite 7)
1 Zwiebel, hacken
1 Knoblauchzehe und 3 cm Ingwerwurzel, mit etwas Salz zerdrücken
1 Teelöffel getrockneter Thymian
Salz Pfeffer und Chilipulver
Öl

So wird es gemacht:

☺ Calamares in einen Topf geben ➟ ca. 1/2 Tasse Wasser darüber geben ➟ salzen ➟ kurz aufkochen und bei schwacher Hitze garen lassen (ca. 1 Stunde) ➟ Calamares aus den Topf nehmen ➟ abkühlen lassen, dann in Scheiben schneiden und beiseite stellen.

☺ Öl in einem Topf erhitzen ➟ Zwiebeln dazugeben und glasig dünsten ➟ Knoblauchpaste untermengen und kurz dünsten ➟ Salz, Pfeffer, Chilipulver und Thymian dazugeben ➟ gut vermengen ➟ Calamaresscheiben dazugeben und kurz braten ➟ Kokosnussmilch dazugeben, umrühren und ca. 10 Minuten köcheln lassen. Eventuell Wasser dazugeben ➟ heiß mit Reis servieren.

Frittierte Calamares

Zutaten:

500 g Calamares, säubern, waschen und abtropfen lassen
1/2 Tasse Wasser
1½ Tassen Mehl
2 Eier, aufschlagen, in eine Schale geben und verrühren
1 Teelöffel getrockneter Thymian
Salz, Pfeffer und Chilipulver
Öl zum Braten

So wird es gemacht:

☺ Calamares gar kochen ➟ in ein Sieb geben ➟ abkühlen und zerkleinern.
☺ Aus Mehl, Wasser, Salz, Ei, Pfeffer und Thymian einen weichen Teig herstellen ➟ Calamaresstücke in den Teig geben und gut vermengen.
☺ Öl in einer Pfanne erhitzen ➟ die Calamaresstücke aus dem Teig nehmen und goldbraun braten ➟ heiß mit Brot servieren.

✻✻✻✻✻✻✻✻✻✻✻

Calamares in Essigsoße

Zutaten:

1 kg Calamares, säubern, waschen und abtropfen lassen
3 Knoblauchzehen und 5 cm. Ingwerwurzel, mit etwas Salz zerdrücken
2 bis 3 Esslöffel Essig
2 Esslöffel Kurkuma
250 g Perlzwiebeln, schälen
4 bis 5 lange milde Peperoni, Stielansätze abschneiden, der Länge nach halbieren und Samen entfernen
1 Bund Petersilie, Blätter waschen und hacken
2 Teelöffel getrockneter Thymian
Salz und Pfeffer
Öl

So wird es gemacht:

☺ Calamares gar kochen ➟ in ein Sieb geben, abtropfen lassen und in Scheiben schneiden.
☺ Öl in einem Topf erhitzen ➟ Kurkuma und Essig vermengen und dazugeben ➟ kurz köcheln lassen ➟ Calamares, Perlzwiebeln, Peperoni, Petersilie, Thymian, Salz und Pfeffer dazugeben und gut vermengen ➟ bei mittlerer Hitze 4 bis 5 Minuten kochen lassen ➟ vom Herd nehmen, abkühlen lassen und servieren.

✻✻✻✻✻✻✻✻✻✻✻

Geschmorte Calamares

Zutaten:

1 kg Calamares, säubern, waschen und abtropfen lassen
200 g Zwiebeln, hacken
500 g Tomaten, der Länge nach halbieren, Samen entfernen und hacken
2 lange milde Peperoni, Stielansätze und Samen entfernen und zerkleinern
2 bis 3 Knoblauchzehen und 5 cm Ingwerwurzel, mit etwas Salz zerdrücken
1/2 Chilischote, fein hacken oder zerdrücken
1 Bund Petersilie, Blätter waschen und hacken
Salz
Pfeffer
1/2 Tasse Wasser
Öl

So wird es gemacht:

☺ Calamares gar kochen ➟ in ein Sieb geben und abtropfen lassen, dann zerkleinern und beiseite stellen.
☺ Öl in einer Pfanne erhitzen ➟ Zwiebeln dazugeben und glasig dünsten ➟ Knoblauchpaste untermengen und kurz dünsten ➟ Tomaten und Chili dazugeben und 5 Minuten köcheln lassen ➟ die restlichen Zutaten dazugeben ➟

abschmecken ➟ 15 bis 20 Minuten bei geschlossenem Topf köcheln lassen. Zwischendurch umrühren ➟ heiß servieren.

✻✻✻✻✻✻✻✻✻✻

Calamares-Curry

Zutaten:

1 kg Calamares, säubern, waschen und abtropfen lassen
500 g Tomaten, Samen entfernen und hacken
1 Zwiebel, hacken
2 bis 3 Knoblauchzehen, 5 cm Ingwerwurzel und 1/2 Chilischote, mit etwas Salz zerdrücken
1 Bund Petersilie, Blätter waschen und hacken
2 Teelöffel getrockneter Thymian
1 Esslöffel Kurkuma
1 Esslöffel Currypulver
Salz
Pfeffer
Nelkenpulver (Menge nach Geschmack)
Öl

So wird es gemacht:

☺ Calamares gar kochen ➟ abtropfen lassen, dann zerkleinern und beiseite stellen.
☺ Öl in einem Topf erhitzen ➟ Zwiebeln dazugeben und glasig dünsten ➟ Knoblauchpaste, Kurkuma und Currypulver untermengen und kurz dünsten ➟ Tomaten, Petersilie, Thymian, Nelkenpulver, Salz und Pfeffer dazugeben ➟ umrühren und ca. 5 Minuten köcheln lassen ➟ Calamares in die Soße geben. Evtl. etwas Wasser darüber geben ➟ 15 bis 20 Minuten köcheln lassen, bis die Soße dicker wird ➟ heiß servieren.

✻✻✻✻✻✻✻✻✻✻

Fleischgerichte

Auberginen-Moussaka

Zutaten:

1 große Aubergine (ca. 1 kg), Stielansatz abschneiden, schälen, in Streifen schneiden, salzen, 30 Minuten stehen lassen, abspülen, in ein Sieb geben und abtropfen lassen
500 g Hackfleisch
250 g Tomaten, fein hacken
2 Zwiebeln hacken
1 Knoblauchzehe, mit Salz zerdrücken
2 Esslöffel gehackte Petersilie
100 g geriebener Käse
2 Eier, aufschlagen, in eine Schale geben und verrühren
1 Esslöffel Sahne
Paniermehl
Salz, Pfeffer und Chilipulver
Öl, Butter oder Margarine

So wird es gemacht:

☺ Öl, Butter oder Margarine in einer Pfanne erhitzen ➟ Auberginen dazugeben und braun braten ➟ aus der Pfanne nehmen und beiseite stellen ➟ Zwiebeln glasig dünsten ➟ Knoblauchpaste untermengen und kurz dünsten ➟ Hackfleisch dazugeben und braten ➟ mit Salz, Pfeffer und Chilipulver abschmecken ➟ Tomaten und Petersilie untermengen ➟ ca. 10 Minuten köcheln lassen. Evtl. etwas Wasser darüber geben ➟ vom Herd nehmen und abkühlen lassen, dann die Eier und die Sahne darüber geben und gut vermengen.

☺ Backofen auf 180°C vorheizen.

☺ Eine Auflaufform mit Butter einfetten ➟ die Auberginenscheiben in der Auflaufform verteilen ➟ Hackfleischsoße darüber geben ➟ geriebenen Käse und Paniermehl darüber verteilen ➟ ca. 15 Minuten im Backofen backen ➟ heiß mit Reis servieren.

✯✯✯✯✯✯✯✯✯✯

Fleisch-Curry

Zutaten:

1 kg mageres Rindfleisch, würfeln, waschen und abtropfen lassen
250 g Tomaten, hacken
2 bis 3 Zwiebeln, hacken
1 Bund Petersilie, Blätter waschen und hacken
1 Bund Thymian oder 2 Teelöffel getrockneter Thymian
1 bis 2 Knoblauchzehen und 4 bis 5 cm Ingwerwurzel mit etwas Salz zerdrücken
je 1/2 Teelöffel Koriander, Kurkuma, Garam Masala und Kümmelpulver
Salz, Pfeffer und Chilipulver
1 Tasse Wasser
Butterfett oder Öl

So wird es gemacht:

☺ Butterfett oder Öl in einem Topf erhitzen ➟ Fleischstücke dazugeben und goldbraun braten ➟ aus dem Topf nehmen und beiseite stellen ➟ Zwiebeln in den Topf geben und glasig dünsten ➟ Knoblauchpaste untermengen und kurz dünsten ➟ Tomaten, Petersilie und Thymian dazugeben ➟ köcheln lassen, bis die Soße dicker wird ➟ Wasser und Gewürze darüber geben und gut vermengen ➟ Fleischstücke in die Soße geben ➟ salzen und pfeffern ➟ kurz zum Kochen bringen, dann bei schwacher Hitze köcheln lassen, bis die Fleischstücke gar sind ➟ heiß mit Reis und Chutney servieren.

✯✯✯✯✯✯✯✯✯✯

Wildschwein-Curry

Zutaten:

1 kg Wildschweinfleisch, würfeln, waschen und abtropfen lassen
1 bis 2 Zwiebeln, hacken
4 bis 5 Tomaten, hacken
1 Esslöffel Tomatenmark
1 Esslöffel Tamarindenpaste
1 Esslöffel gehackte Ingwerwurzel
1 bis 2 Knoblauchzehen, mit etwas Salz zerdrücken
1 Teelöffel Koriander
je 1/2 Teelöffel Currypulver und Kurkuma
Salz und Pfeffer
Kümmel, Kardamompulver, Piment, Chilipulver und Nelkenpulver (Menge nach Geschmack)
Öl, Butter oder Butterfett

So wird es gemacht:

☺ Öl, Butter oder Butterfett in einem Topf erhitzen ➟ Fleischstücke dazugeben und braun braten ➟ aus dem Topf nehmen und beiseite stellen ➟ Zwiebeln glasig dünsten ➟ Knoblauchpaste, Ingwerwurzel, Koriander, Kurkuma und Currypulver untermengen und kurz dünsten ➟ Tomaten dazugeben ➟ gut vermengen ➟ köcheln lassen, bis die Soße dicker wird ➟ Tomatenmark in einer Tasse Wasser auflösen und dazugeben ➟ gut vermengen ➟ Salz, Pfeffer und Gewürze dazugeben (Menge nach Geschmack oder je 1/4 Teelöffel) ➟ Fleischstücke in die Soße geben ➟ umrühren ➟ kurz zum Kochen bringen, dann bei schwacher Hitze köcheln lassen, bis die Fleischstücke gar sind und die Soße dick wird. Eventuell etwas Wasser dazugeben ➟ heiß mit Reis servieren.

✯✯✯✯✯✯✯✯✯

Fleisch-Brotfrucht-Curry

Zutaten:

1 Brotfrucht (ca. 1 kg), halbieren, den inneren Teil entfernen, schälen, in dicke Streifen schneiden, mit kaltem Wasser waschen und abtropfen lassen
500 g Fleisch, würfeln, waschen und abtropfen lassen
3 bis 4 Zwiebeln, hacken
4 bis 5 Tomaten, hacken
1 bis 2 Knoblauchzehen und 4 cm Ingwerwurzel, mit etwas Salz zerdrücken
1 Bund Petersilie, Blätter waschen und hacken
1 Teelöffel getrockneter Koriander
je 1/4 Teelöffel Chilipulver, Zimt, Kümmelpulver, Garam Masala und Nelkenpulver
Salz
Pfeffer
Öl

So wird es gemacht:

☺ Öl in einem Topf erhitzen ➟ 2 bis 3 Esslöffel gehackte Zwiebeln dazugeben und glasig dünsten ➟ etwas Knoblauchpaste untermengen und kurz dünsten ➟ Fleischstücke dazugeben und braten, bis sie Farbe annehmen ➟ mit Wasser fast bedecken und gar kochen ➟ Fleischstücke aus dem Topf nehmen und warm halten.

☺ Öl in einem Topf erhitzen ➟ die restlichen Zwiebeln dazugeben und glasig dünsten ➟ Knoblauchpaste, Petersilie und Koriander untermengen und kurz dünsten ➟ Brotfrucht dazugeben und braten, bis sie Farbe annimmt ➟ Tomaten und Gewürze dazugeben ➟ köcheln lassen, bis die Soße dicker wird ➟ etwas Fleischbrühe dazugeben ➟ abschmecken ➟ köcheln lassen, bis die Brotfruchtstücke gar sind ➟ das Beiseitegestellte unterheben ➟ einige Minuten köcheln lassen und heiß mit Reis servieren.

✯✯✯✯✯✯✯✯✯✯

Frikadellen am Spieß

Zutaten:

500 g Hackfleisch (Rind)
2 Zwiebeln, hacken
1 Ei
1/2 Bund Petersilie, hacken
Salz, Pfeffer, Piment und etwas Mehl

So wird es gemacht:

☺ Hackfleisch, Petersilie, Zwiebeln, Ei, Salz, Pfeffer, Piment und Mehl in eine Schale geben und mit beiden Händen kneten ➡ 2mal durch den Fleischwolf drehen ➡ eine Handvoll Fleischteig nehmen und um einen eingeölten Spieß zu einer länglichen Wurst drücken ➡ auf den vorgeheizten Grill legen und von allen Seiten braun braten ➡ heiß mit Safranreis servieren.

✯✯✯✯✯✯✯✯✯✯✯

Variante 2

Zutaten:

500 g Rinderhack
1 Ei

Gewürze:

je 1/2 Teelöffel Kümmel, Piment und Garam Masala
1 Teelöffel Salz

Zum Garnieren:

Zwiebelringe, Tomatenscheiben, Zitronenscheiben, Petersilie und Paprikascheiben

So wird es gemacht:

☺ Hackfleisch, Ei und Gewürze in eine Schale geben ➡ mit beiden Händen kneten ➡ 2-3mal durch den Fleischwolf drehen ➡ eine Handvoll Fleischteig nehmen und um einen eingeölten Spieß zu einer länglichen Wurst drücken ➡ auf den vorgeheizten Grill legen und von allen Seiten braun braten ➡ auf einen Servierteller legen und mit Zwiebeln,

Tomaten, Petersilie und Paprikascheiben garnieren ➠ heiß zu Reis oder Brot servieren.

✯✯✯✯✯✯✯✯✯✯

Frikadellen-Curry

Zutaten:

500 g Rinderhack oder Lamm
1 Zwiebel, hacken
1 Knoblauchzehe, mit Salz zerdrücken
1 Esslöffel gehackte Petersilie oder Lauch
je 1/4 Teelöffel Chilipulver, Ingwerpulver, Piment und Nelkenpulver
1 Teelöffel Salz
Öl

Zutaten für die Curry-Soße:

1 Zwiebel, hacken
1 Knoblauchzehe, mit Salz zerdrücken
1/2 l Jogurt
50 ml heißes Wasser
50 g Butterfett (Ghee)
je 1/4 Teelöffel Kurkuma und Currypulver
1/4 Teelöffel Ingwerpulver und 1 Teelöffel gehackte Ingwerwurzel
1 Tomate, längs halbieren, entkernen und hacken
2 Esslöffel gehackte Petersilie
1 Esslöffel gehackter Koriander oder 1 Teelöffel getrokneter Koriander

So wird es gemacht:

☺ Hackfleisch, gehackte Zwiebeln, zerdrückte Knoblauchpaste, Ingwerpulver, Piment, Nelkenpulver, Chilipulver, Salz und Petersilie oder Lauch mischen ➠ 1-2mal durch den Fleischwolf drehen und zu einem Teig kneten ➠ den Teig in kleine Stücke teilen und die Stücke zu Kugeln formen.

☺ Öl in einer Pfanne erhitzen und die geformten Bällchen darin braten, bis sie braun werden ➠ warm halten.

☺ Butterfett (Ghee) in einem Topf erhitzen ➠ Zwiebeln, Knoblauch und Ingwerwurzel dazugeben und glasig braten ➠

Gewürze darüber streuen ➟ umrühren und weiterbraten, bis die Zwiebeln goldbraun werden ➟ auf kleine Flamme stellen ➟ Tomaten dazugeben und 10 Minuten köcheln lassen ➟ Jogurt dazugießen und weitere 10 Minuten köcheln lassen ➟ gebratene Hackfleischbällchen in die Soße geben ➟ Topf zudecken und ca. 30 Minuten auf kleiner Flamme köcheln lassen ➟ heißes Wasser darüber gießen und weitere 15 Minuten köcheln lassen ➟ in eine Servierschüssel geben ➟ mit Petersilie garnieren ➟ heiß mit Reis servieren.

✯✯✯✯✯✯✯✯✯✯

Kreolische Frikadellen

Zutaten:

500 g mageres Rinderhack
2 Zwiebeln, fein hacken
1 Esslöffel Zitronensaft
2 Esslöffel gehackte Petersilie
Salz, Pfeffer und Chilipulver
Öl, zum Braten

So wird es gemacht:

☺ Hackfleisch, Zwiebeln, Zitronensaft und Petersilie in eine Schale geben und gut verkneten ➟ mit Salz, Pfeffer und Chilipulver abschmecken ➟ Hackfleisch zu kleinen Kugeln formen ➟ Öl in einer Pfanne erhitzen und die Fleischkugeln goldbraun braten ➟ heiß mit Brot oder Reis servieren.

✯✯✯✯✯✯✯✯✯✯

Fleisch-Bohnen-Curry

Zutaten:

250 g getrocknete rote Bohnen, 3 bis 4 Stunden in Wasser einweichen
500 g Fleisch, würfeln, abwaschen und abtropfen lassen
1 große Zwiebel, hacken
150 g Tomaten, hacken
4 Esslöffel Butterfett (Ghee)
1 Knoblauchzehe, mit etwas Salz zerdrücken
je 1/2 Teelöffel Kümmel, Garam Masala, Piment und

Kurkuma
je 1 Teelöffel Ingwerpulver und Koriander
Salz

So wird es gemacht:

☺ Die Bohnen waschen und abtropfen lassen ➟ in einen Topf geben ➟ mit ca. 1,5 Liter kaltem Wasser bedecken ➟ 2 Teelöffel Salz dazugeben ➟ umrühren und zum Kochen bringen ➟ auf kleiner Flamme kochen, bis die Bohnen gar sind, aber nicht zerfallen ➟ ein Sieb auf einen Topf stellen ➟ die gekochten Bohnen hineingeben und abtropfen lassen ➟ die Flüssigkeit und die Bohnen beiseite stellen.

☺ 3 Esslöffel Butterfett (Ghee) in einem Topf erhitzen ➟ Zwiebeln und Knoblauchpaste dazugeben und glasig dünsten ➟ Fleischstücke dazugeben und braten, bis sie Farbe annehmen ➟ Kochplatte auf mittlere Flamme stellen ➟ Gewürze über die Zwiebeln streuen und mischen ➟ Tomaten dazugeben und solange rühren, bis die meiste Flüssigkeit verdampft ist ➟ Bohnenwasser darüber gießen ➟ gut umrühren und abschmecken ➟ kochen lassen, bis die Fleischstücke gar sind ➟ Bohnen dazugeben und weitere 5 Minuten kochen ➟ abschmecken ➟ in eine Schüssel geben ➟ 1 Esslöffel Butterfett (Ghee) darauf verteilen und heiß servieren.

✯✯✯✯✯✯✯✯✯✯

Kokosnuss-Fleisch-Curry

Zutaten:

500 g mageres Lamm- oder Rinderfleisch, in große Stücke schneiden
75 g Kokosnusspaste (siehe Seite 7)
1 Tomate, grob hacken
1 Knoblauchzehe, zerdrücken
1 Zwiebel, in Scheiben schneiden
1/2 Teelöffel gehackte Ingwerwurzel
Öl zum Braten
je 1/8 Teelöffel Anissamen, schwarzer Pfeffer, Kurkuma, Chilipulver, Kümmel, Zimt, Piment, Nelkenpulver und Kardamompulver

je 1/2 Teelöffel Koriander und Currypulver
1/2 Tasse Wasser
Salz

So wird es gemacht:

☺ Wasser in einen Topf gießen ➡ Knoblauch und Gewürze dazugeben und mischen ➡ Fleischstücke hineingeben ➡ zum Kochen bringen ➡ auf kleine Flamme stellen und solange kochen, bis das Fleisch gar ist ➡ Zwiebeln und Ingwerpulver in Öl goldbraun braten ➡ Tomaten und Salz dazugeben und unter ständigem Rühren einige Sekunden braten ➡ zum Fleisch geben ➡ Kokosnusspaste in etwas Wasser auflösen, dazugeben und aufkochen ➡ vom Herd nehmen ➡ in eine Servierschüssel geben und heiß mit Reis servieren.

✯✯✯✯✯✯✯✯✯✯

Kürbis-Fleisch-Curry

Zutaten:

1 kg Kürbis, halbieren, Samen entfernen, in dicke Streifen schneiden, schälen, würfeln, in Salzwasser legen, in ein Sieb geben und abtropfen lassen
500 g Fleisch, würfeln, waschen und abtropfen lassen
250 g Tomaten, hacken
3 bis 4 Zwiebeln, hacken
2 Knoblauchzehen und 4 bis 5 cm Ingwerwurzel, mit etwas Salz zerdrücken
1 Esslöffel Currypulver, in ein Glas geben, etwas Wasser dazugeben und zu einer Paste verrühren
1 Teelöffel Koriander
Salz
Pfeffer
Chilipulver, Nelkenpulver und Kümmelpulver (Menge nach Geschmack)
Öl

So wird es gemacht:

☺ Öl in einem Topf erhitzen ➠ 2 bis 3 Esslöffel Zwiebeln dazugeben und glasig dünsten ➠ Fleischstücke, Salz, Pfeffer und etwas Gewürze dazugeben und braten, bis die Fleischstücke Farbe annehmen ➠ etwas Wasser darüber geben ➠ Topf zudecken ➠ kochen lassen, bis das Fleisch gar ist ➠ vom Herd nehmen und beiseite stellen.
☺ ➠ Kürbisstücke mit Salz und Pfeffer bestreuen ➠ Öl in einem Topf erhitzen ➠ Kürbisstücke dazugeben und braten, bis sie Farbe annehmen ➠ aus dem Topf nehmen und warm halten ➠ im selben Topf die restlichen Zwiebeln glasig dünsten ➠ Knoblauchpaste, Currypaste und die Gewürze dazugeben und kurz dünsten ➠ das überschüssige Öl aus dem Topf entfernen ➠ Fleischstücke und einen Teil der Brühe dazugeben und gut vermengen ➠ einige Minuten köcheln lassen, dann die Tomaten unterheben ➠ Topf zudecken und einige Minuten köcheln lassen, dann die Kürbisstücke dazugeben und vorsichtig unterheben ➠ köcheln lassen, damit die Kürbisstücke heiß werden, und servieren.

✯✯✯✯✯✯✯✯✯✯

Kreolisches Reh

Zutaten:

1 kg Rehfleisch (ohne Knochen), waschen und abtropfen lassen
2 Karotten, schaben, waschen und in dicke Scheiben schneiden
3 bis 4 kleine Zwiebeln, schälen
2 Lauchzwiebeln, hacken
2 Knoblauchzehen, mit etwas Salz zerdrücken
1/4 Teelöffel geriebene Muskatnuss
Salz, Pfeffer, Chilipulver, Zimt und Thymian
Öl oder Butter
je 1/2 Tasse Wasser und Fleischbrühe (oder 1/2 Tasse Wasser, 1/4 Tasse Fleischbrühe und 1/4 Tasse Weißwein)

So wird es gemacht:

☺ Gewürze, Lauchzwiebeln, Knoblauchpaste, Salz und etwas Öl in eine Schüssel geben und gut vermengen ➟ Rehfleisch in der Marinade wenden und ca 30 Minuten stehen lassen. Zwischendurch wenden.

☺ Öl in einem Topf erhitzen ➟ Fleisch mit der Marinade, Karottenscheiben und Zwiebeln dazugeben und braten, bis das Fleisch Farbe annimmt ➟ Fleischbrühe, Wasser und Wein dazugeben ➟ kurz zum Kochen bringen, dann bei schwacher Hitze garen ➟ heiß mit Reis und verschiedenen Beilagen servieren.

✯✯✯✯✯✯✯✯✯✯

Geschmortes Rehfleisch

Zutaten:

1 kg Rehfleisch, waschen und abtropfen lassen
ca. 500 g Perlenzwiebeln, schälen
1 Bund Petersilie, Blätter waschen und hacken
1 Teelöffel Thymian oder 1 Esslöffel frischer Thymian
25 g Speck, fein würfeln
50 g gekochter Schinken, klein würfeln
1 bis 2 Esslöffel Essig
1 bis 1½ Tassen Weißwein
Salz
Pfeffer
Öl

So wird es gemacht:

☺ Aus Öl, Essig, Thymian, Zwiebeln, Salz und Pfeffer eine Marinade herstellen.

☺ Rehfleisch mit einem scharfen Messer tief einschneiden und in eine Schale legen ➟ Speckwürfel in kochendem Wasser ca. 1 Minute brodeln lassen ➟ in ein Sieb geben und abtropfen lassen, dann die Speckwürfel in die Schnittstellen eindrücken ➟ Marinade darüber geben und 6 Stunden (oder mehr) ziehen lassen. Zwischendurch wenden.

☺ Etwas Öl in einem Topf erhitzen ➟ gekochten Schinken

dazugeben und kurz braten ➟ Rehfleisch aus der Marinade nehmen und dazugeben ➟ von allen Seiten braten, bis es Farbe annimmt ➟ Marinade und Weißwein darüber geben ➟ kochen lassen, bis das Fleisch gar ist. Evtl. etwas Wasser darüber geben ➟ heiß mit Beilagen servieren.

✰✰✰✰✰✰✰✰✰✰

Fleisch in Senfsoße

Zutaten:

1 kg Fleisch, in dünne Scheiben schneiden, waschen und abtropfen lassen
3 Zwiebeln, in Ringe schneiden
4 Tomaten, hacken
1 Esslöffel Tomatenmark, in etwas Wasser auflösen
1/2 Chilischote, fein hacken
1 bis 2 Esslöffel Senf oder 1 Teelöffel Senfpulver, in etwas Essig auflösen
1 Bund Petersilie, Blätter waschen und hacken
1 Esslöffel frischer Thymian oder 1 Teelöffel getrockneter Thymian
Salz
Pfeffer
Öl

So wird es gemacht:

☺ Fleischstücke in einer großen Pfanne braten ➟ aus der Pfanne nehmen und warm halten.

☺ Zwiebelringe glasig dünsten ➟ Chili, Petersilie und Thymian untermengen und kurz dünsten ➟ Tomaten dazugeben und dünsten, bis viel Flüssigkeit verdapft ist ➟ Senf dazugeben und gut vermengen ➟ das aufgelöste Tomatenmark darüber geben. Eventuell Wasser dazugeben ➟ abschmecken ➟ Fleischstücke in die Soße geben, kurz zum Kochen bringen, dann bei schwacher Hitze köcheln lassen, bis die Fleischstücke weich sind. Eventuell Wasser darüber geben ➟ heiß mit Reis und Beilagen servieren.

✰✰✰✰✰✰✰✰✰✰

Geflügel-, Nudel- und Reisgerichte

Hähnchen-Curry

Zutaten:

1 Hähnchen, in Teile zerlegen, waschen, abtropfen lassen, salzen und pfeffern
1 Zwiebel, hacken
1 Knoblauchzehe und ca. 4 cm Ingwerwurzel, mit etwas Salz zerdrücken
250 g Tomaten, hacken
1 Bund Petersilie, Blätter waschen und hacken
1 Teelöffel getrockneter Thymian
1 Esslöffel Kurkuma
Salz, Pfeffer, Nelkenpulver, getrockneter Koriander und Chilipulver
1 Tasse Wasser
Öl oder Butterfett

So wird es gemacht:

☺ Öl oder Butterfett in einem Topf erhitzen ➟ Hähnchenteile dazugeben und goldbraun braten ➟ aus dem Topf nehmen und beiseite stellen ➟ in demselben Topf Zwiebeln glasig dünsten ➟ Knoblauchpaste, Petersilie, Thymian und Koriander untermengen und kurz dünsten ➟ Tomaten, Kurkuma, Nelkenpulver und Chilipulver dazugeben ➟ umrühren ➟ mit Salz und Pfeffer abschmecken ➟ köcheln lassen, bis viel Flüssigkeit verdampft ist ➟ Wasser darüber geben ➟ Hähnchenteile in die Soße geben ➟ kurz zum Kochen bringen, dann bei schwacher Hitze köcheln lassen, bis das Fleisch gar ist und die Soße dicker wird. Evtl. Wasser darüber geben ➟ heiß mit Reis servieren.

Chilihähnchen

Zutaten:

1 Hähnchen, in Teile zerlegen, waschen und abtropfen lassen
250 g Tomaten, fein hacken
1 Zwiebel, fein hacken
1 Chilischote, der Länge nach halbieren, Samen entfernen und fein hacken
1/2 Knoblauchzehe, mit Salz etwas zerdrücken
1 Teelöffel scharfer Senf
2 bis 3 Esslöffel Weißwein
Salz und Pfeffer
Öl

So wird es gemacht:

☺ Öl in einem Topf erhitzen ➟ Hähnchenteile dazugeben und braten, bis sie Farbe annehmen ➟ Tomaten, Knoblauchpaste, Zwiebeln und Petersilie dazugeben und gut vermengen ➟ etwas Wasser darüber geben ➟ köcheln lassen, bis das Fleisch gar ist ➟ Senf in Wein verrühren und darüber geben ➟ umrühren und heiß servieren.

✧✧✧✧✧✧✧✧✧✧

Hähnchen mit Erdnüssen

Zutaten:

1 Hähnchen, in Teile zerlegen, waschen und abtropfen lassen
2 Zwiebeln, hacken
250 g Tomaten, hacken
150-200 g Erdnusskerne, in einem Mörser zerdrücken
2 Esslöffel Erdnussbutter
Salz, Pfeffer und Chilipulver
Öl

So wird es gemacht:

☺ Erdnussbutter und etwas Öl in einem Topf erhitzen ➟ Zwiebeln dazugeben und glasig dünsten ➟ etwas Wasser dazugeben und gut vermengen ➟ Hähnchenteile in die Soße geben ➟ ca. 15 Minuten köcheln lassen ➟ Tomaten untermengen ➟ mit Salz, Pfeffer und Chilipulver abschmecken. Eventuell etwas Wasser darüber geben und weitere 10 Minuten garen ➟ kurz vor dem Servieren gehackte Erdnüsse unterheben und heiß servieren.

✧✧✧✧✧✧✧✧✧✧

Hähnchen mit Gemüse

Zutaten:

1 Hähnchen, in Teile zerlegen, waschen und abtropfen lassen
2 Zwiebeln, schälen
4 bis 5 Schalotten, schälen
150 g Pfifferlinge
4 bis 5 kleine Karotten, schaben und in Scheiben schneiden
1 Handvoll grüne Bohnen, zerkleinern
1/2 Tasse Erbsen
1/2 Kopf Blumenkohl, zerkleinern und waschen
2 bis 3 Artischockenherzen, zerkleinern
1 Bund Petersilie, Blätter waschen und hacken
Salz, Pfeffer und Chilipulver
1 bis 2 Esslöffel Mehl
Öl oder Butter

So wird es gemacht:

☺ Hähnchenteile und Zwiebeln in einen Topf geben ➟ mit Wasser bedecken und gar kochen ➟ aus dem Topf nehmen und warm halten ➟ Hähnchenbrühe durch ein Sieb geben und in einer Schüssel auffangen ➟ etwas Öl und Mehl in den Topf geben ➟ gut verrühren und erhitzen, bis die Masse dicker wird, dann nach und nach Brühe dazugeben, bis die Brühe verbraucht ist und verrühren ➟ Salz, Pfeffer und Chilipulver darüber streuen ➟ das Gemüse dazugeben und bei schwacher Hitze köcheln lassen, bis das Gemüse gar ist ➟ Hähnchenteile vorsichtig unterheben ➟ kurz erhitzen und servieren.

✧✧✧✧✧✧✧✧✧✧

Hähnchenbällchen

Zutaten:

1 Hähnchen, waschen, abtropfen lassen, gar kochen, aus der Brühe nehmen, in ein Sieb geben und abkühlen lassen
1 Tasse Paniermehl
2 Zwiebeln, fein hacken
1 Bund Petersilie, Blätter waschen und hacken
2 bis 3 Eier, aufschlagen, in eine Schale geben und gut verrühren
Salz
Pfeffer
Chilipulver
1/4 Tasse Milch
Öl oder Butter zum Braten

So wird es gemacht:

☺ Hähnchenfleisch vom Knochen lösen und fein zerkleinern oder grob durch den Fleischwolf drehen.

☺ Zwiebeln, Eier, Paniermehl, Petersilie und Milch zum Fleisch geben und zu einem Teig verarbeiten ➟ mit Salz, Pfeffer und Chilipulver abschmecken ➟ Teig zu kleinen Kugeln formen ➟ Öl in einer Pfanne erhitzen und die Fleischkugeln goldbraun braten ➟ heiß mit Brot oder Reis und Salat servieren.

Gebackenes Hähnchen

Zutaten:

1 Hähnchen, in Teile zerlegen, waschen und abtropfen lassen
1 Tasse Jogurt
je 1/2 Teelöffel Chilipulver und geriebener Muskat
je 1 Teelöffel getrockneter Koriander, Pfefferminze und Garam Masala
1/4 Teelöffel rote Lebensmittelfarbe
Salz
Pfeffer

So wird es gemacht:

☺ Jogurt in eine Auflaufform geben ➟ mit Salz und Pfeffer abschmecken ➟ alle Zutaten dazugeben und gut vermengen ➟ Hähnchenteile dazugeben und wenden ➟ über Nacht stehen lassen.

☺ Backofen auf 200°C vorheizen ➟ Auflaufform in den Backofen schieben und gar backen. Eventuell mit Butter bestreichen.

✧✧✧✧✧✧✧✧✧✧✧

Hähnchen mit Kokosnuss

Zutaten:

1 Hähnchen, waschen und abtropfen lassen
1 Kokosnuss, daraus Kokosnussmilch herstellen (siehe Seite 7)
1 Zwiebel, fein hacken
250 g Tomaten, hacken
1 Bund Petersilie, Blätter waschen und hacken
1/2 Knoblauchzehe und 4 cm Ingwerwurzel und 1/2 Chilischote, mit etwas Salz zerdrücken
2 Esslöffel Tamarindenpaste
1 Esslöffel Currypulver
1 Teelöffel Kurkuma
Salz
Pfeffer
1 Tasse Wasser oder Brühe
Öl

So wird es gemacht:

☺ Hähnchen im Backofen rösten ➟ zerlegen und warm halten.

☺ Tamarindenpaste in Kokosnussmilch lösen.

☺ Öl in einem Topf erhitzen ➟ Zwiebeln glasig dünsten ➟ Tomaten, Knoblauchpaste, Kurkuma, Currypulver und Petersilie dazugeben und gut vermengen ➟ 3 bis 4 Minuten dünsten ➟ Kokosnussmilch und Hähnchenteile dazugeben ➟ salzen und pfeffern, dann bei schwacher Hitze ca. 10 Minuten köcheln lassen ➟ heiß mit Reis und Beilagen servieren.

Gebratenes Hähnchen

Zutaten:

1 Hähnchen, in Teile zerlegen, waschen und abtropfen lassen
250 g Milch oder Milch und Sahne
1 Esslöffel Mehl
Salz, Pfeffer und Chilipulver
Butter

So wird es gemacht:

☺ Hähnchenteile mit Salz, Pfeffer und Chilipulver einreiben ➡ Butter in einer Pfanne erhitzen und bei schwacher Hitze die Hähnchenteile braten, bis sie gar sind ➡ aus der Pfanne nehmen und warm halten ➡ das Bratfett aus der Pfanne entfernen, dann 1 Esslöffel Butter in der Pfanne zerlassen ➡ 1 bis 2 Esslöffel Mehl dazugeben und gut vermengen ➡ Milch (oder Milch und Sahne) dazugeben und gut verrühren ➡ abschmecken ➡ zum Kochen bringen ➡ Hähnchenteile dazugeben und kurz kochen lassen ➡ vom Herd nehmen ➡ Hähnchenteile aus der Soße nehmen und in eine Servierschüssel geben ➡ Soße darüber gießen und heiß servieren.

✧✧✧✧✧✧✧✧✧✧

Ente mit weißen Rüben

Zutaten:

1 Ente, in Teile zerlegen, waschen und abtropfen lassen
2 Esslöffel Hackfleisch
5 bis 6 weiße Rüben, schaben und in dünne Scheiben schneiden
2 Zwiebeln, hacken
1 Knoblauchzehe, mit etwas Salz zerdrücken
1 Bund Petersilie, Blätter waschen und hacken
1 Esslöffel getrockneter Thymian
Salz
Pfeffer und Chilipulver
Öl oder Butter

So wird es gemacht:

☺ Öl oder Butter in einem Topf erhitzen ➡ Zwiebeln dazugeben und glasig dünsten ➡ Ententeile dazugeben und braun braten ➡ aus dem Topf nehmen und warm halten ➡ Hackfleisch und Rüben dazugeben und braten ➡ Ententeile, Petersilie, Thymian und Knoblauchpaste dazugeben und gut vermengen ➡ einige Minuten braten ➡ mit Wasser fast bedecken und ca. 30 Minuten köcheln lassen, bis das Fleisch gar ist.

✧✧✧✧✧✧✧✧✧✧✧

Ente mit Mango

Zutaten:

1 Ente, zerlegen, waschen und abtropfen lassen
1 kleine Mango, schälen, halbieren und in feine Streifen schneiden
2 Zwiebeln, fein hacken
1 Bund Petersilie, Blätter waschen und hacken
Salz, Pfeffer und Chilipulver
Öl

Zutaten für die Soße:

1 reife Mango, schälen und zerkleinern
1/2 Zwiebel, fein hacken
1/4 Knoblauchzehe und 2 cm Ingwerwurzel, mit etwas Salz zerdrücken
1/2 Teelöffel Kurkuma
etwas Chilipulver
Salz und Pfeffer

So wird es gemacht:

☺ Zwiebeln, Petersilie, Salz, Pfeffer, Chilipulver und Öl in eine Schale geben und zu einer Marinade verarbeiten ➡ Ententeile in die Marinade geben und wenden ➡ über Nacht stehen lassen. Zwischendurch wenden.

☺ Backofen auf 250°C vorheizen.

☺ Ententeile in eine Auflaufform geben und im Backofen goldbraun rösten ➡ aus dem Ofen nehmen ➡

Backofentemperatur auf ca. 150°C reduzieren ➡ Fleisch vom Knochen lösen und wieder in die Auflaufform geben, etwas Wasser darüber geben ➡ wieder in den Backofen schieben und die Soße fertig kochen.

Soße herstellen:

☺ Mangostücke in eine Küchenmaschine geben ➡ 1 Tasse Wasser darüber geben und pürieren ➡ in einen Topf geben, dann die restlichen Zutaten für die Soße unterheben und zum Kochen bringen, dann bei schwacher Hitze ca. 45 Minuten köcheln lassen. Eventuell Wasser darüber geben (die Soße darf nicht dick werden) ➡ vom Herd nehmen ➡ die feinen Mangostreifen in einen Topf geben, dann die fertig gekochte Soße durch ein Sieb über die Mangostreifen geben (die Reste, die im Sieb geblieben sind, mit einem Löffel pressen).

☺ Entenfleisch aus dem Backofen nehmen ➡ zerkleinern und auf einen Servierteller geben ➡ Soße kurz zum Kochen bringen ➡ über die Fleischstücke gießen und heiß servieren.

✧✧✧✧✧✧✧✧✧✧

Kreolische Nudeln

Zutaten:

500 g Makkaroni
6 bis 7 Tomaten, fein hacken
1 Esslöffel Mehl
Salz
Pfeffer
Öl oder Butter

So wird es gemacht:

☺ Reichlich Wasser in einem Topf zum Kochen bringen ➡ etwas Salz darüber streuen ➡ die Makkaroni dazugeben und gar kochen (nicht zerkleinern) ➡ in ein Sieb geben und abtropfen lassen (nicht abschrecken).

☺ Öl oder Butter in einem Topf erhitzen ➡ Mehl dazugeben und braten, bis es braun wird, dann die Tomaten dazugeben und gut vermengen und 1 Minute brodeln lassen ➡ Makkaroni unterheben ➡ kurz erhitzen und heiß servieren.

Spaghetti

Zutaten:

500 g Spaghetti, halbieren
250 bis 300 g Hackfleisch
4 Zwiebeln, hacken
1 Esslöffel Tomatenmark
1/2 Knoblauchzehe und 3 cm Ingwerwurzel, mit etwas Salz zerdrücken
Geriebener Parmesankäse
Salz, Pfeffer und Chilipulver
Öl

So wird es gemacht:

☺ Hackfleisch salzen und pfeffern ➡ Öl in einer Pfanne erhitzen ➡ Hackfleisch dazugeben und braten ➡ aus der Pfanne nehmen und beiseite stellen ➡ in derselben Pfanne die Zwiebeln glasig dünsten ➡ Knoblauchpaste untermengen und kurz dünsten ➡ Tomaten dazugeben ➡ Tomatenmark in etwas Wasser auflösen und darüber geben ➡ gut vermengen und einige Minuten köcheln lassen ➡ gebratenes Hackfleisch dazugeben und köcheln lassen ➡ mit Salz, Pfeffer und Chilipulver abschmecken. Falls die Soße sehr dick wird, etwas Wasser darüber geben.

☺ Spaghetti gar kochen ➡ auf tiefen Tellern verteilen ➡ Hackfleischsoße in die Mitte geben, mit Parmesankäse bestreuen und heiß servieren.

✧✧✧✧✧✧✧✧✧✧

Reis mit Hähnchen

Zutaten:

2 Tassen Langkornreis, waschen und abtropfen lassen
1 Hähnchen, in Teile zerlegen, waschen und abtropfen lassen (Hähnchenflügel beiseite stellen)
einige Schinkenscheiben (nach Belieben), in Stücke schneiden
1 große Zwiebel, hacken
1 Knoblauchzehe und 1/4 Chilischote, mit etwas Salz

zerdrücken
3 bis 4 Tomaten, fein hacken
1 Bund Petersilie, Blätter waschen und hacken
je 1 Teelöffel getrockneter Thymian und Kurkuma
je 1/4 Teelöffel Zimt und Nelkenpulver
Salz und Pfeffer
Öl

So wird es gemacht:

☺ Hähnchenflügel in einen Topf geben ➟ 3 bis 4 Tassen Wasser und Salz dazugeben und daraus eine Brühe kochen ➟ durch ein Sieb geben und abkühlen lassen.
☺ Reis in einen Topf geben ➟ 2 Tassen Wasser und 2 Tassen Brühe darüber geben ➟ salzen ➟ Topfdeckel in ein Küchentuch hüllen und damit den Topf zudecken ➟ zum Kochen bringen, dann bei schwacher Hitze ca. 30 Minuten köcheln lassen, bis der Reis fast gar ist. Inzwischen die anderen Zutaten vorbereiten.
☺ Hähnchenteile goldbraun braten und warm halten.
☺ Öl in einer Pfanne erhitzen ➟ Zwiebeln dazugeben und glasig dünsten ➟ Knoblauchpaste, Schinken und Chili untermengen und kurz dünsten ➟ Tomaten, Petersilie und Gewürze dazugeben und dünsten, bis viel Flüssigkeit verdampft ist ➟ vom Herd nehmen.
☺ Hähnchenteile und Soße zum Reis geben und unterheben ➟ köcheln lassen, bis der Reis trocken und gar ist ➟ heiß mit verschiedenen Beilagen servieren.

✧✧✧✧✧✧✧✧✧✧

Mauritische Biriani

Zutaten:

2 Tassen Langkornreis, waschen und abtropfen lassen
250 g Kartoffeln, schälen, waschen und klein würfeln (2 bis 3 Kartoffeln in Scheiben schneiden)
250 bis 300 g Rind- oder Lammfleisch, klein würfeln, waschen und abtropfen lassen
1 Hähnchenbrust, zerkleinern
3 Zwiebeln, hacken
1 Handvoll bekochte Erbsen

1 Teelöffel Kurkuma
2 Safranfäden, in 1 Esslöffel warmem Wasser auflösen
Butter

Zutaten für die Marinade

1 Tasse Jogurt
je 2 Esslöffel gehackte Petersilie und Pfefferminzblätter
1 Teelöffel getrockneter Koriander
je 1/4 Tl. Zimt, Anissamen, Kardamom, Nelkenpulver und einige Pfefferkörner, alle Gewürze in einen Mörser geben und zerdrücken
1 Knoblauchzehe und Ingwerwurzel (nach Belieben), mit etwas Salz zerdrücken
Öl

✳Alle Zutaten in eine Schüssel geben und zu einer Marinade verarbeiten.

So wird es gemacht:

☺ Fleischwürfel und Hähnchenstücke in die Marinade geben und 3 bis 4 Stunden ziehen lassen ➟ zwischendurch wenden.

☺ Öl in einer Pfanne erhitzen ➟ Zwiebeln dazugeben und glasig dünsten ➟ Kartoffeln dazugeben und gar braten ➟ Kurkuma darüber geben ➟ salzen und pfeffern ➟ vom Herd nehmen.

☺ Fleisch mit Marinade und Safranwasser in die Pfanne geben ➟ köcheln lassen, bis das Fleisch gar ist ➟ vom Herd nehmen und beiseite stellen.

☺ Reichlich Wasser in einen Topf geben ➟ salzen und zum Kochen bringen ➟ Reis dazugeben und ca. 15 Minuten brodeln lassen ➟ in ein Sieb geben und abtropfen lassen.

☺ Butter in einem großen Topf zerlassen ➟ Topfboden mit Kartoffelscheiben bedecken, dann schichtweise mit Reis, Fleisch und Gemüse füllen (die letzte Schicht muss Reis sein) ➟ Topfdeckel mit einem Geschirrtuch umhüllen und den Topf damit zudecken ➟ ca. 45 Minuten bei schwacher Hitze köcheln lassen, bis der Reis gar und trocken ist ➟ heiß mit Beilagen servieren.

Kreolischer Reis

Zutaten:

2 Tassen Langkornreis, waschen und abtropfen lassen
250 bis 300 g Lammfleisch, in feine Würfel schneiden, waschen und abtropfen lassen
2 bis 3 Schinkenscheiben, fein zerkleinern
3 bis 4 Gewürzwürstchen (türkische oder italienische), in dünne Streifen schneiden und halbieren
2 Zwiebeln, hacken
2 bis 3 Knoblauchzehen, vierteln
3 bis 4 Ingwerwurzeln, zerkleinern
1 Bund Petersilie, Blätter waschen und hacken
1 Teelöffel getrockneter Thymian
2 bis 3 Nelken
1/2 getrocknete Chilischote
Salz und Pfeffer
ca. 3/4 Liter Fleischbrühe und ca. 2 Liter Wasser
Butter oder Öl

So wird es gemacht:

☺ Ingwerwurzel, eine Knoblauchzehe, Thymian, Chilischote, Nelken, Petersilie, Salz und Pfeffer in einem Mörser zu einer Paste zerdrücken.

☺ Öl in einem Topf erhitzen ➠ Zwiebeln dazugeben und glasig dünsten ➠ Fleischwürfel untermengen und braten, bis sie Farbe annehmen ➠ Gewürzpaste, Knoblauch und Würstchenstücke dazugeben und ca. 5 Minuten braten, dann den Schinken untermengen und kurz braten ➠ Wasser und Brühe darüber geben ➠ abschmecken ➠ zum Kochen bringen ➠ Reis dazugeben, gut vermengen und ca. 30 Minuten kochen lassen, bis der Reis gar ist. Zwischendurch umrühren und heiß servieren.

Soßen

Soße für Wildgerichte

Zutaten:

1 Knoblauchzehe, mit etwas Salz in einen Mörser geben und zerdrücken
1 kleine Zwiebel, fein hacken
1 Tasse Rotwein
1 Tasse Brühe oder Wasser
1/2 Teelöffel Ingwerpulver
1 Teelöffel grüne Pfefferkörner
1 Esslöffel Maismehl oder Mehlstärke
2 Esslöffel gehackte Petersilie
1 Teelöffel getrockneter Thymian
Salz und Pfeffer
Öl oder Butter

So wird es gemacht:

☺ Öl oder Butter in einem Topf erhitzen ➡ Zwiebel und Knoblauchpaste dazugeben und glasig dünsten ➡ Rotwein darüber geben ➡ Maismehl in Wasser oder Brühe auflösen und dazugeben ➡ Ingwerpulver, grünen Pfeffer, Thymian und Petersilie dazugeben und umrühren ➡ mit Salz und Pfeffer abschmecken und zum Kochen bringen. Dann bei schwacher Hitze köcheln lassen, bis die Soße etwas dicker wird. Eventuell mit Mehlstärke andicken.

❄❄❄❄❄❄❄❄❄❄❄

Pfefferkornsoße

Zutaten:

1 Zwiebel, hacken
1/2 Knoblauchzehe, fein hacken
1 Esslöffel grüne Pfefferkörner, zerdrücken
1 Esslöffel Maismehl oder Mehlstärke
1 Esslöffel gehackte Petersilie
1 Esslöffel frischer Thymian oder 1 Teelöffel getrockneter Thymian
1 Tasse Wasser
Salz und Pfeffer
Öl oder Butter

So wird es gemacht:

☺ Butter zerlassen oder Öl in einem Topf erhitzen ➡ Zwiebeln dazugeben und glasig dünsten ➡ Knoblauch untermengen und kurz dünsten ➡ Maismehl oder Mehlstärke dazugeben, gut vermengen und brodeln lassen, bis es Farbe annimmt ➡ Wasser darüber geben und gut verrühren, dann zum Kochen bringen ➡ die restlichen Zutaten dazugeben, umrühren und einige Minuten köcheln lassen, bis die Soße dicker wird.

❄❄❄❄❄❄❄❄❄❄

Tomatensoße (für Garnelengerichte)

Zutaten:

2 große Zwiebeln, hacken
250 g reife Tomaten, Haut anritzen, mit kochendem Wasser überbrühen, Haut abziehen und hacken
1 Esslöffel Tomatenmark
die Schalen von ca. 12 Garnelen
1 Knoblauchzehe, fein hacken
3 bis 4 cm Ingwerwurzel, fein hacken
2 Esslöffel gehackte Petersilie
1 Teelöffel getrockneter Thymian
Salz und Pfeffer
Chilipulver
Öl oder Butter

So wird es gemacht:

☺ Garnelenschalen zerdrücken oder in einen Elektromixer zerkleinern ➟ 1 Tasser Wasser darübergeben und gut verrühren, dann in einen Topf geben und kochen lassen, bis ein Teil der Flüssigkeit verdampft ist, danach die Brühe durch ein feines Sieb geben, in einem Topf auffangen und beiseite stellen.

☺ Öl oder Butter in einem Topf erhitzen ➟ Zwiebeln dazugeben und glasig dünsten ➟ Knoblauch und Ingwerwurzel untermengen und kurz dünsten ➟ Tomaten, Petersilie, Thymian, Salz, Pfeffer und Chilipulver dazugeben und dünsten, bis viel Flüssigkeit verdampft ist ➟ Garnelenbrühe dazugeben und gut vermengen ➟ Tomatenmark in Soße geben und auflösen, dann einige Minuten köcheln lassen, danach kann man Garnelen oder Krabben in die Soße geben und für ca. 5 Minuten erhitzen oder über die heißen Garnelen oder Krabben verteilen. Falls die Soße sehr dick wird, mit etwas Wasser verdünnen.

❄❄❄❄❄❄❄❄❄❄❄

Scharfe Zitronensoße (für Fischgerichte)

Zutaten:

Saft von 3 bis 4 Zitronen
1 kleine Zwiebel, hacken
3 bis 4 cm Ingwerwurzel, zerkleinern
gehackte Petersilie und Thymian
1/2 Chilischote, zerkleinern

So wird es gemacht:

☺ Alle Zutaten (außer Zitronensaft) in einen Mörser geben und zu einer Paste zerdrücken ➟ Zitronensaft dazugeben und gut vermengen ➟ zu Fischgerichten servieren.

❄❄❄❄❄❄❄❄❄❄❄

Apfelsoße (für Grill- oder Rostfleisch)

Zutaten:

4 bis 5 Äpfel, halbieren, Kerngehäuse entfernen, schälen und zerkleinern
Stück Zimtstange und einige Nelken, in einem Mörser zerdrücken
1 Tasse Wasser
Zucker, zum Abschmecken
Butter

So wird es gemacht:

☺ Apfelstücke und Wasser in einen Topf geben und kochen lassen, bis die Äpfel sehr weich sind. Zwischendurch umrühren ➟ Gewürze dazugeben, gut vermengen und mit einer Gabel pürieren ➟ köcheln lassen, bis das Apfelpüree gar ist und die Soße dicker wird ➟ mit Zucker abschmecken und heiß über das Fleisch geben.

❈❈❈❈❈❈❈❈❈❈

Weiße Soße

Zutaten:

1/2 Tasse Brühe oder Wasser
2 Esslöffel Mehl
2 Esslöffel Butter
gehackte Petersilie
Salz, Pfeffer und Chilipulver

So wird es gemacht:

☺ Butter in einem kleinen Topf zerlassen ➟ Mehl dazugeben und gut vermengen ➟ Wasser oder Brühe nach und nach dazugeben und verrühren ➟ 2 bis 3 Minuten brodeln lassen ➟ Petersilie dazugeben ➟ mit Salz, Pfeffer und Chilipulver abschmecken und heiß servieren.

Nachspeisen

Süßkartoffel-Kompott

Zutaten:

500 g Süßkartoffeln, schälen
1 Tasse Zucker
1 Tasse Wasser
1/4 Vanillestange, der Länge nach halbieren

So wird es gemacht:

☺ Süßkartoffeln halb gar kochen ➟ in ein Sieb geben und abtropfen lassen, dann in Scheiben schneiden und beiseite stellen.

☺ Wasser und Zucker in einen Topf geben und bei schwacher Hitze den Zucker auflösen ➟ Kartoffelscheiben und Vanille dazugeben und zum Kochen bringen, dann bei schwacher Hitze ca. 25 Minuten köcheln lassen. bis die Kartoffeln gar sind.

****

Ananas-Kompott

Zutaten:

1 Ananas, schälen und in kleine Würfel schneiden
1 Tasse Zucker
1/2 Tasse Wasser
1/2 Vanillestange, der Länge nach halbieren

So wird es gemacht:

☺ Wasser und Zucker in einen Topf geben und bei schwacher Hitze den Zucker auflösen ➟ Ananasstücke und Vanille dazugeben und zum Kochen bringen, dann bei schwacher Hitze ca. 25 Minuten köcheln lassen.

Bananen-Kompott

Zutaten:

11 bis 12 Bananen, schälen und halbieren
200 bis 250 g Zucker
1/2 Tasse Wasser
Saft einer halben Zitrone

So wird es gemacht:

☺ Wasser und Zucker in einen Topf geben und bei schwacher Hitze den Zucker auflösen, dann ca. 7 bis 8 Minuten brodeln lassen ➟ Zitronensaft dazugeben und bei schwacher Hitze köcheln lassen, dann die Bananenhälften nach und nach in den Sirup geben und ca. 25 Minuten garen ➟ Bananenhälften mit einem Schaumlöffel aus dem Sirup nehmen ➟ in eine Schale geben und den Sirup darüber verteilen ➟ heiß oder kalt servieren.

****

Kokosnuss-Kompott

Zutaten:

1 Kokosnuss, harte Schale entfernen
Saft einer Zitrone
250 g feiner Zucker oder Puderzucker
1 Teelöffel Vanillepulver oder 1/2 Vanillestange, der Länge nach halbieren
etwas Salz
1¼ Tassen Wasser

So wird es gemacht:

☺ Kokosnuss schälen, in dünne Streifen schneiden, dann grob zerkleinern und in Wasser mit etwas Zitronensaft und Salz legen und ca. eine Stunde stehen lassen ➟ in ein Sieb geben und abtropfen lassen, dann mit klarem Wasser abspülen und abtropfen lassen.

☺ Zucker in einer Tasse Wasser auflösen, zum Kochen bringen und einige Minuten brodeln lassen ➟ vom Herd nehmen ➟ Kokosnussstücke in den Sirup geben und gut vermengen, dann brodeln lassen, bis der Sirup dickflüssig wird ➟ Zitronensaft, Vanille und das restliche Wasser darübergeben und umrühren ➟ einige Minuten brodeln lassen, in eine Schale geben und abkühlen lassen.

****

Guava-Kompott

Zutaten:

500 g Goyawa, waschen, in Scheiben schneiden, Samen entfernen, schälen und vierteln
2 Tassen Zucker
1 Tasse Wasser
1 Teelöffel Vanillepulver oder 1/2 Vanillestange, der Länge nach halbieren

So wird es gemacht:

☺ Wasser und Zucker in einen Topf geben und bei schwacher Hitze den Zucker auflösen ➟ Goyawa und Vanille dazugeben und umrühren ➟ zum Kochen bringen, dann bei schwacher Hitze ca. 25 Minuten köcheln lassen ➟ in eine Schale geben und abkühlen lassen.

****

Kokosnussbällchen

Zutaten:

1 Kokosnuss, harte Schale entfernen, braune Haut schälen und das Fruchtfleisch reiben
250 g Zucker
3 Eier, aufschlagen, das Eiweiß in eine Schale geben und steif schlagen

1/4 Teelöffel Vanillepulver
Butter

So wird es gemacht:

☺ Backofen auf 200°C vorheizen, dann die Hitze auf 150°C reduzieren.

☺ Geriebene Kokosnuss, Zucker, Vanille und Eiweiß in eine Schale geben und gut vermengen, dann zu kleinen Bällchen formen ➟ Backblech mit Butter einfetten ➟ Kokosnussbällchen darauf verteilen und im vorgeheizten Backofen 25 bis 30 Minuten backen.

****

Gebratene Ananas

Zutaten:

1 Ananas, schälen und würfeln
2 Tassen Mehl
1/2 Tasse Puderzucker
1/4 Tasse Obstlikör
2 Eier:
  Eiweiß vom Eigelb trennen und Eiweiß steif schlagen
  Eigelb aufbewahren
1½ Tassen Frischmilch
Butter oder Öl, zum Braten

So wird es gemacht:

☺ Ananasstücke in eine Schale geben ➟ Likör darübergeben und 1 bis 2 Stunden ziehen lassen.

☺ Mehl, Zucker, Eigelb, Milch und 2 bis 3 Esslöffel Butter in eine Schale geben und zu einem weichen Teig verarbeiten ➟ Eiweiß unterheben.

☺ Öl in einer Pfanne erhitzen ➟ Ananasstücke in den Teig tauchen und goldbraun braten ➟ aus der Pfanne nehmen, abtropfen lassen, mit Puderzucker bestreuen und servieren.

****

Gebratene Süßkartoffeln

Zutaten:

1 kg Süßkartoffeln
1/2 Kokosnuss, schälen und reiben
1 bis 2 Esslöffel fein gehackte Ananas
Likör, nach Belieben
2 Eier, aufschlagen, in eine Schale geben, 1 bis 2 Esslöffel Wasser dazugeben und verrühren
1 Tasse und 4 Esslöffel Zucker
etwas Mehl
Zerlassene Butter
Öl, zum Braten

So wird es gemacht:

☺ Kokosnuss, Ananas und etwas Likör in eine Schale geben und gut vermengen.
☺ Kartoffeln gar kochen ➟ schälen und pürieren ➟ Eier, Zucker, etwas Mehl und ca. 4 Esslöffel zerlassene Butter dazugeben und gut vermengen ➟ etwas Kartoffelteig nehmen und zu kleinen runden Fladen verarbeiten ➟ 1 Teelöffel Kokosnussmischung in die Mitte geben ➟ zusammenfalten, damit ein Halbkreis entsteht ➟ die Ecken zusammendrücken ➟ Öl in einer Pfanne erhitzen und die gefüllten Kartoffeltaschen goldbraun braten ➟ aus dem Öl nehmen, abtropfen lassen und servieren.

✻✻✻✻✻✻✻✻✻✻✻

Gebratene Maisbällchen

Zutaten:

500 g Maiskörner, gar kochen, in ein Sieb geben und abtropfen lassen (oder eine Dose Mais verwenden)
2 Tassen Mehl, sieben
1 Tasse Frischmilch
4 Esslöffel Zucker

1 Teelöffel Vanillepulver oder 1/2 Vanillestange, zerdrücken
2 Eier, aufschlagen, in eine Schale geben und verrühren
Puderzucker
Öl

So wird es gemacht:

☺ Mehl, Zucker, Eier, Vanille und Milch in eine Schale geben und zu einem Teig verarbeiten ➟ Maiskörner und etwas Öl oder Butter dazugeben und gut vermengen ➟ Öl in einer Pfanne erhitzen ➟ Maisteig löffelweise in das Öl geben und goldbraun braten ➟ aus dem Öl nehmen, abtropfen lassen, auf einen Servierteller geben, mit Puderzucker bestreuen und servieren.

****

Kokosnusspüree

Zutaten:

1/2 Kokosnuss, schälen und reiben
1 Tasse Wasser
2 Päckchen Gelatine
1½ Tassen Milch
2 Esslöffel Zucker

So wird es gemacht:

☺ Milch und Kokosnussraspel in einen Topf geben und kurz zum Kochen bringen ➟ vom Herd nehmen ➟ durch ein feines Sieb geben (Saft aufbewahren) ➟ die im Sieb übriggebliebene Kokosnuss in ein Tuch geben (wasserdurchlässig) und wringen, damit die Flüssigkeit aus der Kokosnuss austropfen kann (die ausgetropften Kokosnussmilch mit dem Saft mischen).

☺ Wasser erhitzen ➟ Gelatine dazugeben und auflösen ➟ zum Kokosnusssaft dazugeben, umrühren und zum Kochen bringen, dann sofort in eine Schale geben und abkühlen lassen.

Bananenpüree

Zutaten:

2 bis 3 Bananen, schälen und pürieren
2 Eier:
  Eigelb vom Eiweiß trennen und Eigelb aufbewahren
  Eiweiß in eine Schale geben, Prise Salz dazugeben und steif schlagen
1/2 Tasse Puderzucker

So wird es gemacht:

☺ Bananenpüree, Eigelb und Zucker in einen Topf geben und gut vermengen ➟ bei schwacher Hitze köcheln lassen, bis die Masse dicker wird ➟ vom Herd nehmen ➟ das steif geschlagene Eiweiß unterheben ➟ in eine Schale geben und abkühlen lassen ➟ kalt servieren.

****

Fritierte Bananen

Zutaten:

3 bis 4 Bananen, schälen und in Scheiben schneiden
2 Tassen Mehl, sieben
1 Esslöffel Zucker
2 Eigelb
Puderzucker
Wasser
Butter und Öl

So wird es gemacht:

☺ Mehl, Eigelb, Zucker, etwas Butter und Öl in eine Schale geben und gut vermengen ➟ Wasser nach und nach dazugeben und zu einem leichten Teig verrühren ➟ Öl in einer Pfanne erhitzen ➟ Bananenscheiben in den Teig tauchen und goldbraun braten ➟ aus dem Öl nehmen und abtropfen lassen ➟ auf einen Servierteller geben, mit Puderzucker bestreuen und servieren.

****

Süßkartoffeln mit Vanille

Zutaten:

500 g Süßkartoffeln
1 Tasse Zucker
1/2 Tasse Wasser
1 Teelöffel Vanillepulver
1 Vanillestange

So wird es gemacht:

☺ Süßkartoffeln gar kochen ➟ Schalen entfernen ➟ Kartoffeln mit einem Elektromixer pürieren.

☺ Zucker in Wasser auflösen und zum Kochen bringen ➟ Vanille dazugeben und umrühren ➟ 8 bis 9 Minuten brodeln lassen, bis ein leichter Sirup entstanden ist ➟ Sirup zum Kartoffelpüree geben und gut vermengen, bis das Kartoffelpüree die Flüssigkeit aufgesogen hat ➟ in eine Schale geben und servieren.

****

Getränke

Tamarindensirup

Zutaten:

150 bis 200 g Tamarinde, über Nacht in kaltem Wasser einweichen
250 g Zucker
1/2 Liter Wasser

So wird es gemacht:

☺ Wasser in einen Topf geben ➡ Tamarinde dazugeben und mit den Fingern zusammenpressen und kochen lassen, bis ca. die Hälfte des Wassers verdampft ist ➡ Tamarindenwasser durch ein Sieb geben und in einem Topf auffangen (die im Sieb befindlichen Tamarinden mit einen Löffel pressen) ➡ Zucker im heißen Tamarindenwasser auflösen und brodeln lassen, bis Sirup entsteht ➡ Tamarindensirup erkalten lassen und in Flaschen füllen ➡ zum Trinken mit Eiswasser mischen.

****

Himbeersirup

Zutaten:

500 g Himbeeren
1 Tasse Wasser
250 bis 300 Zucker

So wird es gemacht:

☺ Himbeeren in einer Tasse Wasser über Nacht stehen lassen ➟ ca. 10 Minuten kochen lassen ➟ durch ein Sieb geben und abtropfen lassen (Saft auffangen) ➟ die restliche Masse in einen Stofbeutel oder in ein Tuch (wasserdurchlässig) geben und wringen, damit die Säfte austropfen können (die ausgetropften Säfte zum Himbeersaft geben) ➟ Zucker im Saft auflösen und zu Sirup kochen ➟ etwas Zitronensaft dazugeben und umrühren ➟ vom Herd nehmen, abkühlen lassen und in Flaschen füllen ➟ zum Trinken mit Eiswasser mischen.

****

Ananassirup

Zutaten:

1 Ananas, schälen und zerkleinern
Zucker, das gleiche Gewicht wie der Ananassaft, der nach der Bearbeitung entsteht

So wird es gemacht:

☺ Ananasstücke in einen Entsafter geben und pressen ➟ die Ananasreste, die im Entsafter übriggeblieben sind, in einen Stoffbeutel oder in ein Tuch geben und pressen, die restlichen Säfte die ausgepresst sind, mit dem Ananassaft mischen ➟ Ananassaft wiegen und das gleiche Gewicht an Zucker dazugeben und den Zucker lösen ➟ zum Kochen bringen, bis der Sirup dicker wird ➟ abkühlen lassen und in Flaschen füllen ➟ zum Trinken mit Eiswasser mischen.

****

Exotischer Rumtopf

Zutaten:

1 Flasch weißer Rum
500 g Zucker
1 Limette, in dünne Scheiben schneiden
250 g Guaven, schälen und in Stücke schneiden
250 g Kumquast, mit einer Nadel einstechen
250 g Litschis, pellen, halbieren und Kerne entfernen
1 Ananas, schälen und Ananasfrucht würfeln
5 Kiwis, schälen und in dünne Scheiben schneiden
1 Mango, halbieren, Kern entfernen, schälen und Mangofrucht würfeln

So wird es gemacht:

☺ 2 Tassen Rum im Topf erwärmen ➟ Zucker dazugeben und auflösen.
☺ Die Früchte mit Limettenscheiben in ein Glas schichten ➟ Zuckerlösung und Rum darübergeben (die Flüssigkeit soll etwas 2 cm über den Früchten stehen) ➟ Glas gut verschließen und 5 bis 6 Wochen stehen lassen.

✳✳✳✳✳✳✳✳✳✳

Eiscreme und Sorbett

Sorbett=Fruchteis.
Das Wort stammt aus der arabischen Sprache „Scharbat شربات"

Vanilleeis (Grundrezept)

Zutaten:

2 Tassen Milch
2 Eier, aufschlagen und in eine Schale geben
1¼ Tasse Zucker
1 Esslöffel Vanillepulver, in etwas Wasser auflösen
ca. 1 Esslöffel Mehlstärke, in etwas Wasser auflösen

So wird es gemacht:

☺ Zucker zu den Eiern geben und schaumig schlagen ➟ Milch dazugeben, dann die Vanille und die Mehstärke dazugeben, umrühren und zum Kochen bringen, dann bei schwacher Hitze ca. 2 Minuten köcheln lassen ➟ vom Herd nehmen ➟ Eventuell zerkleinerte Frucht dazugeben ➟ abkühlen lassen und im Gefrierschrank für 10 Minuten einfrieren ➟ herausnehmen ➟ umrühren und wieder in den Gefrierschrank legen.

☆☆☆☆☆☆☆☆☆☆☆

Kokosnusseis

Zutaten:

Vanilleeis wie im Grundrezept (siehe oben) herstellen
1/2 Kokosnuss, schälen, reiben und wiegen
Zucker, das gleiche Gewicht wie Kokosnussraspel
1 Tasse Wasser

So wird es gemacht:

☺ Wasser und Zucker in einen Topf geben und bei schwacher Hitze den Zucker auflösen, dann ca. 7 bis 8 Minuten brodeln lassen ➟ Kokosnussraspel dazugeben, umrühren und ca. 10 Minuten kochen ➟ vom Herd nehmen und zum Grundrezept dazugeben (Vanilleeis, siehe Seite 113) ➟ umrühren und abkühlen lassen ➟ im Gefrierschrank 10 Minuten einfrieren, dann herausnehmen, gut vermengen und wieder einfrieren ➟ nach einiger Zeit die Eismasse umrühren.

❍ Serviervorschlag: eine Kokosnuss halbieren, mit Eis füllen und servieren.

☆☆☆☆☆☆☆☆☆☆☆

Papaya-Sorbett (Fruchteis)

Zutaten:

500 g Papaya, schälen, Samen entfernen und zerkleinern
1 Tasse Wasser
250 g Zucker
Saft einer Zitrone

So wird es gemacht:

☺ Papayastücke in einen Elektromixer geben und pürieren ➟ Zucker in Wasser auflösen ➟ Papayapüree dazugeben und gut vermengen ➟ mit Zitronensaft abschmecken ➟ in eine Schale geben und einfrieren. Das Eis darf nicht so fest gefroren sein ➟ aus dem Gefrierschrank nehmen ➟ mit Hilfe eines Mixers gut umrühren und einfrieren, kurze Zeit danach nochmal mixen und einfrieren.

☆☆☆☆☆☆☆☆☆☆☆

Ananas-Sorbett (Fruchteis)

Zutaten:

Saft einer Ananas
4 bis 5 Esslöffel Zucker
einige Eiswürfel, zerkleinern

So wird es gemacht:

☺ Ananassaft, Zucker und Eiswürfel in eine Schale geben und gut verrühren ➟ in den Gefrierschrank legen und einfrieren, bis das Eis fast fest wird ➟ aus dem Gefrierschrank nehmen, mit einem Elektromixer umrühren und wieder einfrieren, dieser Vorgang muss noch einmal wiederholt werden ➟ wenn das Eis serviert wird, Schlagsahne darüber geben.

☆☆☆☆☆☆☆☆☆☆☆

Guava-Sorbett (Fruchteis)

Zutaten:

500 g Guava, waschen und zerkleinern
250 g Zucker
1 Tasse Wasser

So wird es gemacht:

☺ Guava durch einen Entsafter geben ➟ Zucker in Wasser auflösen ➟ Guavasaft dazugeben und gut vermengen ➟ in eine Schale geben, zudecken und in den Gefrierschrank stellen, bis der Saft fest wird ➟ aus dem Gefrierschrank nehmen, mit einem Elektromixer umrühren und wieder einfrieren. Dieser Vorgang muss noch einmal wiederholt werden.

❍ Auf die gleiche Art kann man anderes Fruchteis herstellen. z.B. Orangen oder Mango. Dafür braucht man folgende Zutaten:

Orangen

Saft von 500 g Orangen
150 g Zucker
1/2 Tasse Wasser

Mango

500 g reife Mangos, schälen, Kerne entfernen, zerkleinern und entsaften
150 g Zucker
2 Tassen Wasser

Einlegen in Essig

Eingelegte Pfefferschoten

Zutaten:

125 g Pfefferschoten, der Länge nach halbieren, Samen entfernen und in Scheiben oder Streifen schneiden
125 g kleine Tomaten, in Scheiben schneiden
2 bis 3 Zwiebeln, in Scheiben schneiden
150 g brauner Zucker
200 ml Essig
je 1 Teelöffel Nelkenpulver und Zimt
30 g Salz

So wird es gemacht:

☺ Pfefferschoten und Tomatenscheiben waschen und abtropfen lassen.
☺ Zwiebeln, Pfefferschoten und Tomaten in eine Schale geben und mit Salz bestreuen ➟ einen Teller oder eine Schale mit Wasser darauf stellen und das Ganze über Nacht stehen lassen ➟ in ein Sieb geben und abtropfen lassen.
☺ In einen Topf geben und mit Zucker, Nelkenpulver und Zimt bestreuen ➟ Essig darübergießen und umrühren ➟ auf kleiner Flamme ca. 1½ bis 2 Stunden köcheln lassen ➟ in Gläser füllen und 1 Woche stehen lassen.

✯✯✯✯✯✯✯✯✯✯✯

Eingelegte Auberginen

Zutaten:

500 g kleine Auberginen
ca. 2 cm Ingwerwurzel, hacken
25 g Chilischoten
2 Knoblauchzehen, mit Salz und etwas Essig zerdrücken
150 ml Essig
75 g Nussöl oder eine andere Ölsorte
50 g Zucker
je 1/2 Esslöffel Salz und Kümmelsamen
je 1/2 Teelöffel Chilipulver, Currypulver, Kurkuma, Garam Masala (Gewürz) und Ingwerpulver

So wird es gemacht:

☺ Von den Auberginen Stielansätze abschneiden, waschen und in Scheiben schneiden (ca. 3 cm dick).
☺ Zerdrückte Knoblauchzehen, Chilipulver, Currypulver, Kurkuma, Garam Masala und Ingwerpulver in einen Mörser geben und zu einer Paste zerdrücken.
☺ Öl erhitzen ➟ Kümmelsamen dazugeben und 1 Minute rösten ➟ Gewürzpaste dazugeben und auf kleiner Flamme 1 bis 2 Minuten braten ➟ Essig, Zucker und Salz dazugeben und umrühren ➟ Auberginenscheiben, Chilischoten und Ingwerwurzel dazugeben und köcheln lassen, bis das Gemüse gar ist ➟ kalt stellen ➟ vor dem Servieren einen Tag stehen lassen.

✵✵✵✵✵✵✵✵✵✵

Variante 2

Zutaten:

500 g Auberginen
4 Knoblauchzehen, hacken
150 ml Essig
1 Esslöffel Oregano
Olivenöl oder eine andere Ölsorte
Salz

So wird es gemacht:

☺ Auberginen schälen und in Scheiben schneiden ➟ salzen und 2 bis 3 Stunden in ein Sieb legen, damit die bitteren Säfte austropfen können ➟ die abgetropften Scheiben ca. 10 Minuten in den mit etwas Wasser verdünnten Essig legen ➟ in ein Sieb geben und abtropfen lassen ➟ in einen Steintopf oder ein Glas schichten, dazwischen Knoblauch und Oregano verteilen ➟ die Auberginenscheiben mit Öl bedecken und den Topf schließen ➟ eine Woche stehen lassen.

✯✯✯✯✯✯✯✯✯✯

Eingelegte Mangos

Zutaten:

4 Mangos (ca. 500 g), Kerne entfernen, schälen und hacken
125 ml Essig
1 Tasse Zucker
1 Esslöffel gehackte Ingwerwurzel
1 bis 2 Teelöffel Chilipulver
Salz

So wird es gemacht:

☺ Alle Zutaten in einen Topf geben ➟ umrühren ➟ kurz zum Kochen bringen, auf kleiner Flamme köcheln lassen, bis die Mangos saftig sind und die Soße dick ist ➟ vom Herd nehmen ➟ in eine Schale geben und beiseite stellen ➟ ein Glas vorwärmen ➟ Mangos in das Glas füllen und verschließen.

✯✯✯✯✯✯✯✯✯✯

Eingelegte Rüben

Zutaten:

500 g weiße Rüben
Sellerielauch

2 Knoblauchzehen
1 rohe rote Rübe (rote Beete), schälen und in Scheiben schneiden
2 Esslöffel Salz
150 ml Essig
400 ml Wasser
1 Teelöffel Chilipulver

So wird es gemacht:

☺ Weiße Rüben waschen, schälen und vierteln ➟ in einen Steintopf oder ein Glas schichten, dazwischen Sellerielauch, Knoblauch und rote Beete legen.
☺ Essig, Chilipulver, Wasser und Salz verrühren und über die geschichteten Rüben gießen ➟ Topf zudecken und an einen warmen Platz stellen ➟ 10 Tage stehen lassen, danach zum Essen servieren und innerhalb von 35 Tagen verbrauchen.

✯✯✯✯✯✯✯✯✯✯✯

Eingelegte rote Rüben

Zutaten:

1 kg rote Rüben
1/2 Liter Weinessig
1/2 Liter Wasser
Salz, Kümmel, Lorbeerblätter, Pfefferkörner und Nelken

So wird es gemacht:

☺ Rüben gründlich waschen ➟ 2 bis 3 Stunden mit leicht gesalzenem Wasser bedecken und kochen ➟ Rüben pellen und Stielansätze abschneiden ➟ in Scheiben schneiden und würzen ➟ in einen Steintopf oder ein Glas schichten ➟ Weinessig, Wasser und Salz verrühren und in einem Topf aufkochen ➟ kalt stellen ➟ über die Rüben gießen und den Steintopf oder das Glas zudecken ➟ 10 bis 11 Tage stehen lassen, danach zum Essen verwenden und innerhalb von 30 Tagen verbrauchen.

✯✯✯✯✯✯✯✯✯✯✯

Eingelegter Blumenkohl und Rotkohl

Zutaten:

1 Blumenkohl
1/2 Rotkohl
5 Esslöffel Salz
850 ml Wasser
300 ml Weinessig
1 bis 2 trockene Peperoni

So wird es gemacht:

☺ Blumenkohl auseinandernehmen, Rotkohl zerkleinern, waschen und 1 Stunde in Salzwasser legen ➟ Gemüse mit klarem Wasser waschen und abtropfen lassen ➟ in einen Steintopf oder ein Glas schichten ➟ Essig, Wasser und Salz mischen und über das Gemüse geben ➟ 1 bis 2 trockene Peperoni dazugeben und Topf oder Glas zudecken ➟ 10 Tage an einen warmen Platz stellen. Danach kann man das eingelegte Gemüse servieren.

✯✯✯✯✯✯✯✯✯✯

Knoblauchsalz

So wird es gemacht:

☺ Einige Knoblauchzehen in Streifen schneiden und mit Salz mischen ➟ in ein Glas geben und stehen lassen, bis das Salz mit dem Knoblaucharoma gesättigt ist ➟ auf einem Backblech verteilen, Knoblauch entfernen, Salz im aufgewärmten Ofen trocknen ➟ trocken aufbewahren.

✯✯✯✯✯✯✯✯✯✯

Knoblauch aufbewahren

Zutaten:

Knoblauchzehen, schälen
Olivenöl

So wird es gemacht:

☺ Knoblauchzehen würfeln ➟ in ein Glas geben ➟ mit Öl bedecken und im Kühlschrank aufbewahren ➟ zur Herstellung von Knoblauchpaste verwenden.

✯✯✯✯✯✯✯✯✯✯

Eingelegter Knoblauch

Zutaten:

Knoblauchzehen, nach Belieben
1 Esslöffel Salz
Weinessig

So wird es gemacht:

☺ Knoblauchzehen schälen und in ein Glas schichten ➟ Salz in Essig auflösen ➟ Knoblauchzehen damit bedecken ➟ Glas schließen und für ca. 5 bis 6 Monate stehen lassen.

✯✯✯✯✯✯✯✯✯✯

Knoblauch in Öl

Zutaten:

Knoblauchzehen, schälen und in dicke Streifen schneiden
Olivenöl
1 Esslöffel Weinessig
1 kleine rote Pfefferschote
einige Pfefferkörner
1 bis 2 Teelöffel Salz

So wird es gemacht:

☺ Knoblauch in Salzwasser mit 1 Esslöffel Weinessig 2 Minuten kochen ➟ in ein Sieb geben und gut abtropfen lassen ➟ Knoblauch in ein Glas schichten ➟ Pfefferkörner und Pfefferschote daraufgeben ➟ mit Olivenöl bedecken ➟ 3 Monate stehen lassen.

✯✯✯✯✯✯✯✯✯✯

Jamaikanische Küche

Neue und traditionelle jamaikanische und karibische Kochrezepte

ISBN 978-3-927459-68-7